Lieb mich, wie ich bin!

Gerlinde Ortner

Lieb mich, wie ich bin!

Klartext für Jungs & Mädchen
von 13–17 Jahren

WIEN • MÜNCHEN • ZÜRICH

Die Autorin:

Dr. Gerlinde Ortner promovierte nach einem Studium der Psychologie und Anthropologie an der Universität Wien. Sie lebte mehrere Jahre in Spanien und war dort als Psychotherapeutin sowie in der Lehrerausbildung tätig. Heute arbeitet sie als Psychotherapeutin und Psychologin in Wien, ist Supervisorin für angehende Psychotherapeuten und Kolumnistin verschiedener Zeitungen und Zeitschriften.

Ihre Bücher „Märchen, die den Kindern helfen" und „Neue Märchen, die den Kindern helfen" sind internationale Bestseller.

ISBN 3-7015-0387-7
Copyright © 1998 by Verlag Orac im Verlag Kremayr & Scheriau, Wien
Alle Rechte vorbehalten
Einbandgestaltung: Katharina Uschan
unter Verwendung eines Fotos der Bildagentur Tony Stone, Wien
Satz: Zehetner GesmbH, A-2105 Oberrohrbach
Druck und Bindung: Wiener Verlag, Himberg bei Wien

Gesetzt nach den Regeln der neuen deutschen Rechtschreibung

INHALT

VORWORT

Ich beantworte in einer Jugendzeitschrift Leserbriefe. Als ich den Job der „Briefkastentante" übernahm, dachte ich, dass das eine nicht sehr aufwendige Tätigkeit sein werde, die ich leicht neben meiner Arbeit als Psychotherapeutin erledigen könne. Aber das war ein großer Irrtum. Dieser „Job" ist zu einer wichtigen Aufgabe geworden. Täglich erhalte ich Briefe, von denen jeder einzelne ernst zu nehmen ist.

Ich habe die Briefe nach den Problemschwerpunkten geordnet und die Kapitel dieses Buches danach gegliedert. Somit sind all die Jugendlichen, die an mich geschrieben und Rat erbeten haben, zu „Mitautoren" geworden.

Die hier abgedruckten Briefe sind authentisch, ich habe nur die Namen geändert, damit die Anonymität gewahrt bleibt. Vieles wird dir sehr bekannt vorkommen, vielleicht wird dir auch der eine oder andere Brief aus der Seele sprechen. Ich hoffe es, denn jede Ähnlichkeit mit lebenden Personen ist *nicht* zufällig, sondern durchaus beabsichtigt!"

EINLEITUNG

Nicole, 15 Jahre

Ich will endlich mein eigenes Leben leben! Ich hasse es, wenn meine Eltern mir Standpauken halten. So viele Mädchen in meinem Alter dürfen machen, was sie wollen. Nur ich muss immer sagen, was ich mache, wohin ich gehe. Ich hasse diese Ausquetscherei! Ich glaube, dass mein Vater der Einzige in unserer Umgebung ist, der dauernd vom Jugendschutzgesetz redet. Er nervt mich total. Vor kurzem hatte ich solche Depressionen, dass ich mir mit einem Messer den Arm blutig schnitt. Meine Eltern meinten nur, ich sei nicht normal im Kopf. Meine Freunde verstehen mich, mit ihnen ist alles o. k. Das hält mich noch aufrecht.

Hannelore, 14 Jahre

Ich habe ein großes Problem mit meinen Eltern. Ich bin zwar manchmal frech, aber ich kann mich auch normal benehmen. Meine Eltern schimpfen immer mit mir, das kränkt mich, denn ich finde das ungerecht. Ich habe einen Freund, der ist 17 Jahre. Ich finde ihn echt süß. Aber meine Eltern sind dagegen. Sie finden, er ist zu alt für mich. Stimmt das? Ich liebe ihn so sehr. Wir treffen uns immer heimlich. Ich habe Angst ihn zu verlieren, wenn ich wegen meiner Eltern mit ihm nicht auf Partys oder in die Disco gehen darf.

Gerd, 15 Jahre

Alle sagen, ich sei ein „Anti-Typ". Es stimmt, ich bin nicht sportlich, ich bin zu dick und kann Mädchen nicht so wie die anderen anbaggern. Ich bin nämlich schüchtern. Ich fühle mich auch hässlich. Was soll ich dagegen tun?

Martina, 12 Jahre
Ich bin total verzweifelt. Meine Freundin und ich, wir müssen immer lachen. Das passiert uns in den peinlichsten Situationen. Wir können nichts dagegen tun. Das verunsichert uns so, dass wir uns gar nicht trauen, mit wichtigen Leuten zusammenzukommen. Die glauben sicher, wir spinnen. Dann sind wir wieder endlos traurig.

Robert, 14 Jahre
Ich frage mich, warum ich überhaupt aus dem Bett steige. Ich streite mit den Eltern und hasse meine Schwester. Ich bin meiner Familie ohnehin egal. Die Schule ertrage ich kaum noch, im Unterricht könnte ich oft schreien, so sehr geht mir alles auf die Nerven. Nur in meiner Clique geht es mir gut.

Sabine, 13 Jahre
Ich bin in unseren Bio-Lehrer verliebt. Er schaut mich immer so lieb an, und dann werde ich total rot im Gesicht. Ich träume jede Nacht von ihm.

Cornelia, 14 Jahre
Ich weiß nicht, ob mich überhaupt einer versteht. Ich wollte mit meiner Mutter über meine Probleme sprechen, dabei kam aber nur heraus, dass ich heulend ins Zimmer lief. Ich sehe keinen Sinn im Leben. Der Mensch ist doch nur fies und zerstört alles um sich herum. Ich schäme mich ein Mensch zu sein. Ich kann mich selbst oft nicht leiden. Alles geht mir auf die Nerven. Nur mit meiner Katze und meiner Musik bin ich glücklich. Bei den Jungs bin ich schon beliebt. Ich habe aber keine Freundin.

Niemand versteht mich. Mich mag keiner. Ich bin für niemanden wichtig. Ich hasse meine Figur. Ich bin zu dick. Ich bin zu dünn. Ich bin zu groß. Ich bin zu klein. Ich kann mich nicht ausstehen. Die Eltern nerven mich. Ich habe Angst abgelehnt zu werden. Meine Freunde sind echt fies zu mir. Ich trau mich nicht den Jungen/das Mädchen anzusprechen. Ich bin zu schüchtern. Ich werde sofort rot im Gesicht. Ich bin ein Außenseiter. Ich fühle mich einsam. Ich bin deprimiert.

Sicher fühlst auch du dich hie und da unwohl in deiner Haut und hast zumindest phasenweise mehr oder minder starke Selbstzweifel. Wie sich diese äußern, das ist von Mensch zu Mensch verschieden. Der eine reagiert kratzbürstig, aggressiv, der andere cool, arrogant, frech oder angeberisch. Einige wiederum zeigen deutlich ihre Unsicherheit, sie blocken ab, verschließen sich, vermeiden Kontakte mit anderen, scheuen die Konfrontation. Durch irgendein noch so kleines Ereignis oder Empfinden kann die Stimmung plötzlich umschlagen. Die Stimmungsschwankungen erlebst du sehr intensiv. Du lässt dich tief in jedes Empfinden fallen. Du fühlst dich stark, dann wieder irritiert und verunsichert. Dein labiler Zustand belastet dich. In den seelischen Tiefs kommst du weder mit dir noch mit anderen gut zurecht. Aber gerade dann brauchst du das Gefühl, verstanden und beliebt zu sein, bist jedoch in deiner Stimmung gefangen und kannst dich in der Situation nicht offenbaren. Eine schwierige Zeit!
Immer gut gelaunt zu sein ist unnatürlich. (Wer sich fortwährend so zeigt, ist höchstwahrscheinlich auch unsicher. Wenn ein Jugendlicher vorwiegend nur beliebt ist, weil er „gut drauf" ist, dann wagt er es äußerst selten, sich schlecht gelaunt zu zeigen. Denn er hat Angst, das Image und die Anerkennung möglicherweise zu verlieren.) Alle „normalen" Jugendlichen unterliegen mehr oder minder starken Stimmungsschwankungen, fühlen sich „himmelhoch jauchzend, zu Tode betrübt", stellen sich total in Frage, um sich dann wieder zu überschätzen, sind heute von jemandem begeistert, den sie morgen

schon wieder nicht mehr leiden können usw. Dieses Hin und Her extrem gegensätzlicher Empfindungen fördert die Unsicherheit: „Wer und wie bin ich?"

Wirken sich die Selbstzweifel besonders krass auf dein Verhalten aus, dann hast du sicher schon öfter von Erwachsenen den Kommentar gehört: „Das ist die Pubertät." Wenn dein Unbehagen nur damit erklärt oder abgetan wird, dann hilft dir das kaum weiter. Es nervt dich wahrscheinlich, wenn auf all deine Reaktionen die Entschuldigung oder der Vorwurf folgt: „Typisch pubertär!" Je öfter dein körperliches und seelisches Unbehagen dadurch erklärt wird, desto mehr fühlst du dich vermutlich unverstanden, allein gelassen und weniger ernst genommen. Gerade dieses Empfinden fördert wiederum die so genannten „pubertären" Reaktionen.

I. KAPITEL

DAS SELBSTWERTGEFÜHL

„Ich bin ICH!"

Manuela, 13 Jahre
Mein großes Problem ist, dass ich schüchtern bin. Ich habe immer Angst, dass ich etwas Falsches sage und mich die anderen dann auslachen. Ich melde mich daher auch nie im Unterricht. Ich wüsste auch nicht, wie ich mich ausdrücken sollte. Ich würde rot anlaufen und herumstottern. Ich trau mich nicht einmal mit meinen Freundinnen richtig reden, obwohl ich es gerne möchte. Ich muss zugeben, ich hasse mich selbst. Manche Jungen und Mädchen verspotten mich wegen meiner Pickel. Zu Hause bin ich ganz anders, da mache ich sogar Witze und kann auch frech sein. Ich spiele Klavier. Zu Hause gelingt es mir gut, aber kaum muss ich der Musiklehrerin vorspielen, spiele ich fast alles falsch und werde rot im Gesicht.

Mario, 13 Jahre
Ich bin der kleinste unter meinen Mitschülern. Ich war schon bei einer Wachstums-Ambulanz. Die haben aber gesagt, ich sei ganz normal. Ich werde von meinen Mitschülern immer gehänselt. Jetzt habe ich mich noch dazu verletzt und muss mit Krücken gehen. Alle sagen nun „Krüppel" zu mir. Ich habe einen sehr guten Freund, der sehr angesehen in der Klasse ist. Er darf mir aber nicht helfen, sonst wird auch er nicht mehr gemocht. Was kann ich tun, damit man mich mag?

Gabriela, 14 Jahre

Ich werde von meinen Mitschülern immer „Streber" genannt. Ich bin Klassenbeste, werde aber von den Mitschülern nicht für voll genommen. Es ist nicht so, dass sie mich ignorieren, aber wann immer ich eine Meinung sage, heißt es: „Du bist ein Streber. Was weißt du schon!" Ich finde nicht, dass ich hässlich ausschaue, trotzdem finde ich keinen Freund. Meine Freundin hat so viele, dass sie jede Woche wechselt. Ist es falsch, wenn man gute Noten hat? Ich weiß einfach keinen Rat.

Daniela, 14 Jahre

Mein Problem ist, dass ich mich selber hasse, besonders mein Aussehen. Ich habe überhaupt kein Selbstvertrauen und trau mir daher absolut nichts zu. Ich verkrieche mich total. Ich habe nicht viele Freunde. Eigentlich gar keine. Alle wollen mich fertig machen. Ich bin wie vom Pech verfolgt. Alles läuft schief, besonders in der Liebe. Den Jungen bin ich zu hässlich. Ich habe schon überlegt, ob ich mich umbringen oder davonlaufen soll. Mit meiner Mutter möchte ich nicht über meine Probleme reden, die hat selber genug Probleme.

Um welche „inneren" oder „äußeren" Probleme es sich auch handeln mag, egal welchen Schwierigkeiten du ausgesetzt bist, mit einer gesunden Portion an Selbstwertgefühl kommst du mit dir, mit anderen und allem, was dich bewegt, besser zurecht.

Was bedeutet es, „Selbstwertgefühl" zu haben?

Vielleicht denkst du dabei an einen überheblichen, eingebildeten, sich selbst überschätzenden Menschen. Wer sich auf diese Art selbstbewusst zeigt, der hat meiner Meinung nach nicht zu viel, sondern zu wenig Selbstwertgefühl. Denk an das Sprichwort: „Wer angibt, hat's nötig!" Sich aufzuspielen (wie das

Wort schon ausdrückt) ist also eher ein Zeichen dafür, dass man sich eine imponierend wirkende Fassade zulegt, um innere Schwächen zu verbergen.

Selbstwertgefühl zu haben bedeutet, sich richtig einzuschätzen, sich also der Stärken, Qualitäten, Fähigkeiten bewusst zu sein, aber auch die Fehler, Schwächen und somit seine Grenzen zu erkennen. „Ich bin ICH" soll bedeuten, sich selbst anzunehmen, an sich zu glauben, es soll jedoch nicht zur Überheblichkeit führen. Du wirst erfahren, dass dein „Persönlichkeitsmaterial" besser ist, als du vielleicht geglaubt hast, dass du daher vieles, was dir jetzt noch problematisch erscheint, durchaus meistern kannst. Du wirst erleben, dass dein „inneres Material" zumindest für den Lebensalltag ausreicht und dass du den meisten anderen gleichwertig bist. Wenn du dich auf deine „Ich-Stärken" und „Ich-Qualitäten" verlässt und sie einzusetzen verstehst, dann brauchst du keineswegs perfekt oder fehlerlos zu sein. Es gelingt dir, Schwierigkeiten zu meistern und respektiert zu werden.

Ich sehe denjenigen als starke Persönlichkeit an, der Fehler, Ängste, Unsicherheiten nicht nur vor sich selbst zugibt, sondern sie auch offen bekennen kann. Das hat nichts damit zu tun, ein Jammerer oder Schlappschwanz zu sein. Es gehört schon eine gesunde Portion an Sicherheit dazu, um zu seinen Schwächen zu stehen, ohne Scheu davor, was die anderen über einen denken könnten.

Beliebt sein

Gerade die Befürchtung „Was werden die anderen über mich denken?!" hemmt viele, sich so zu zeigen, wie sie fühlen, wie sie sich am liebsten geben würden. Das heißt natürlich nicht, dass du, ohne Rücksicht auf Verluste, die „Sau rauslassen", dich egozentrisch, takt- und distanzlos verhalten sollst. Ebenso ist es nicht immer angebracht, mit seiner Meinung herauszuplatzen oder andere mit Gefühlen zu bedrängen. Wir alle brauchen Freunde, sind mehr oder minder abhängig davon, ob und wie man uns akzeptiert. Das heißt also, dass es durchaus normal ist, sich zu wünschen, von anderen anerkannt zu werden.

Es ist gar nicht so leicht, zwischen dem hemmenden, verunsichernden „Was könnten die anderen über mich denken?" und dem natürlichen Anliegen „Ich möchte, dass mich meine Freunde schätzen!" zu unterscheiden. Ebenso fällt es schwer, selbstkritisch zu erkennen, ob man sich, um dazuzugehören, an andere nur anpasst und in eine Clique einordnet oder ob man sich bis zur Selbstverleugnung um jeden Preis einzuschleimen versucht und wahllos bei allem und jedem mitmacht.

Es ist völlig o. k. beliebt sein zu wollen. Hier gilt es wiederum zu unterscheiden, von wem du gemocht werden willst. Keiner kann von allen geschätzt werden. Was dem einen gefällt, muss nicht für jeden anderen gelten, und umgekehrt! Sympathie erhältst du am ehesten von denjenigen, die dir im Denken, Verhalten, Empfinden irgendwie ähnlich sind, nach dem Motto „Gleich und Gleich gesellt sich gern". (Gegensätze ziehen sich zwar an, aber ohne Gleichklang bei wesentlichen Einstellungen und Bedürfnissen entzweit sich solch eine Freundschaft bald.) Für dich ist daher wichtig, welche Meinung über dich Mitschüler und Freunde haben, die ungefähr auf deiner Linie liegen (nicht *alle* anderen!).

Wie machst du dich bei Freunden beliebt, ohne in den Ruf des Schleimers oder Angebers zu geraten? Wie erkennst du, wer zu dir passt und wer nicht? Wenn du nicht weißt, wer *du* bist, wenn du dich selbst nicht genau kennst, nicht akzeptierst, wird es für dich schwierig sein, dich bei anderen natürlich zu geben, dich offen zu zeigen, um die richtigen Freunde zu finden. Es ist also äußerst wichtig, an deinem Selbstwertgefühl zu arbeiten.

Das ist leichter gesagt als getan! Worauf sollst du dich beziehen, wonach orientieren, wenn du das Selbstwertgefühl überprüfen und eventuell stärken möchtest?

Der Ursprung der Unsicherheit

Christine, 13 Jahre
SOS! Ich weiß nicht mehr, was ich tun soll. Es ging mir bis vor kurzem ganz gut. Aber plötzlich fingen meine Freundinnen an, mich zu verarschen. Ich hatte mich einmal verredet und seither spotten sie mich aus. Jetzt trau ich mich gar nichts mehr zu sagen, weil ich Angst bekommen habe, dass ich wieder stecken bleiben könnte. Ich fühle mich seither total unsicher.

Paul, 16 Jahre
Es ist mir wahnsinnig peinlich, aber seit ich das erste Mal tanzen ging, habe ich Hemmungen. Meine Familie hat mir schon früher immer gesagt, dass ich mich ungeschickt bewege. Ich beneide Freunde, wie sie unbekümmert auf der Tanzfläche umherspringen und flippen. Ich kann mich da nicht hineinsteigern, da ich mich immer beobachtet fühle und befürchte, dass ich ausgelacht werde, weil ich so ungelenkig bin. Wenn ich mir aber Mut antrinke und ab und zu auch kiffe, dann klappt alles, dann kann ich den anderen zeigen, wie ich wirklich bin. Aber nachher fühle ich mich wieder extrem unsicher.

Eveline, 15 Jahre
Bis vor einem Jahr hatte ich viel Selbstbewusstsein, aber das hat sich vor einem Monat aufgelöst. Ich musste bei einer Preisverteilung jemandem Blumen überreichen und sollte ein paar Worte dazu sagen. Plötzlich war mir das so peinlich

und ich wurde nervös. Ich brachte kein Wort heraus und es kamen mir die Tränen. Das war mir dann noch peinlicher. Ich fühlte mich zerstört. Seither habe ich Hemmungen. Ich bin auch an einigen Stellen meines Körpers zu dick. Das hat mich früher nicht so gestört, aber jetzt verunsichert es mich total.

Conny, 13 Jahre
Früher wurde ich oft „Streberin" genannt, das hat nun aufgehört. Aber jetzt kommen die Jungs zu mir und erklären mir, wie hässlich ich sei, dass ich verbaut und doof bin. Sie verspotten mich auch, weil ich viele Filme nicht ansehen darf, die meiner Mutter zu brutal vorkommen. Noch nie hat mich ein Junge gefragt, ob ich mit ihm gehen möchte. Wie kann ich Jungs auf mich aufmerksam machen, ohne dass ich aufdringlich erscheine? Was soll ich tun, damit mich die anderen akzeptieren, wie ich bin?

Die Basis des Selbstwertgefühls entsteht bereits in der frühen Kindheit. Im dritten Lebensjahr, dem so genannten „Trotzalter", erlebt man das erste Mal bewusst: „Ich bin ICH!" und „Ich kann!". Diese bedeutende Krisenphase ist durchaus mit der Pubertät zu vergleichen. Ich will damit natürlich nicht sagen, dass ein Pubertierender auf der Stufe eines Kleinkindes steht. Ich meine nur, dass diese beiden Entwicklungsstufen zu den bereicherndsten, aber auch belastendsten Phasen im Laufe eines Lebens zählen. In beiden Entwicklungsphasen kommt es zu einer Erweiterung der seelischen und geistigen Fähigkeiten, zur Verfeinerung der Sensibilität. Das „Ich-Erleben" bzw. die „Ich-Frage" wird zum wichtigen Inhalt, ebenso wie das bewusste Streben, anerkannt und geliebt zu sein.
Wer und wie es ist, welchen Stellenwert es hat, erfährt das Kind durch vermehrte oder mangelnde Zuwendung und Anerkennung seiner wichtigsten Bezugspersonen. Beim Kleinkind

prägen noch die Eltern durch Lob und Zärtlichkeiten das Selbstwertgefühl.

Ab dem Schulalter orientiert sich das Kind immer mehr an den Gleichaltrigen. Die guten oder schlechten Erfahrungen, die es mit anderen macht, sind ebenso prägend wie ein harmonisches oder konfliktreiches Elternhaus.

Man sagt, Kinder können grausam sein. Gemeint sind damit der Spott, die kleinen und größeren Quälereien, die bösen Streiche, die sie einem „Außenseiter" oder einem schwächer erscheinenden Mitglied der Gruppe zufügen. Ich möchte dieses Verhalten keineswegs entschuldigen. Es ist furchtbar, was das Opfer dabei mitmacht und wie sein späteres Leben davon beeinträchtigt sein kann. Ich weiß, dass kaum einer dieser „Täter" wirklich grausam ist. Für die meisten ist es ein „soziales Spiel", in dem sie sich und anderen ihre (in Wirklichkeit nicht vorhandene) Stärke beweisen wollen. Sie denken überhaupt nicht über die Leiden des Opfers nach. Sie verschwenden keinen Gedanken daran, wie verletzend, gemein und ungerecht ihr Tun ist. Sie erleben nur, dass sie einen höheren Stellenwert in der Gruppe gewinnen, wenn sie andere unterdrücken, und fühlen sich mächtig.

Diese Quäler haben ebenfalls kein ausreichendes Selbstwertgefühl. Wenn sie sich innerlich gestärkt fühlten und mit sich selbst zufrieden wären, würden sie so ein machtstrebendes Verhalten gar nicht benötigen.

Wenn so ein brutaler Typ aber in eine bereits gefestigte, kameradschaftlich eingestellte Gruppe eindringen möchte, dann haben die anderen die stärkere Position. Er wird abgelehnt und isoliert. Es bleibt ihm dann nur der Rückzug. Er wählt woanders ein Opfer aus, um sich zu bestätigen, oder versucht durch Imponiergehabe Eindruck zu schinden. Wichtig ist ihm nur, um jeden Preis aufzufallen. Dabei ist es ihm völlig gleichgültig, welche Konsequenzen das nach sich ziehen kann. Der unmittelbare „Erfolg" (vielmehr „Scheinerfolg") ist ausschlaggebend.

Da leider nur in wenigen Gruppen ein fester Zusammenhalt besteht, findet der „Täter" immer irgendwelche Mitläufer, die ihm unbeabsichtigt zu einem höheren Stellenwert verhelfen. Mitläufer verhalten sich selbst nicht brutal, sie sind eher passive Teilnehmer. Manchmal stellen sie den „Fanclub" dieses Typen dar. Sie bewundern ihn jedoch nur teilweise und schätzen ihn nicht wirklich. Mitläufer sind keine Freunde des „Täters", sie geben sich nur vordergründig als solche. Sie durchschauen schon eher, was der „Täter" dem Opfer antut, wie schlimm die Situation für den Betroffenen ist. Sie wagen aber nicht dagegen aufzutreten und blocken eventuell aufkeimendes Mitgefühl zum Selbstschutz ab. Diese Schwäche entsteht einerseits aus Feigheit, um nicht selbst zum Opfer zu werden, andererseits um an dem mächtig erscheinenden Image ein wenig mitnaschen zu können. Auch hier ist die Ursache mangelndes Selbstwertgefühl. (Mehr dazu erfährst du im Kapitel: „Außenseiter" ab Seite 114.)

Wenn du dich als Opfer fühlst, bedeutet das nicht, dass du besonders argen Quälereien ausgesetzt bist. Oft genügt es bereits, dass jemand ein wenig über irgendeine auffallende, nicht durchschnittliche Äußerlichkeit (Kleidung, Körpermerkmale o. Ä.) spottet oder sich z. B. über deinen Namen lustig macht. Wer nicht bereits durch das Elternhaus und durch gute Erfahrungen mit anderen Gleichaltrigen gestärkt ist, für den wird selbst ein als Spaß gemeinter Spott zum vernichtenden Urteil. Wegen des zu schwachen Selbstwertgefühls nimmt man die anderen, ihre Reaktionen und Äußerungen viel zu ernst. Statt das Verhalten der anderen als falsch, unfair, schwach zu erkennen, stellt sich das Opfer selbst in Frage. Es reagiert eingeschüchtert, gekränkt, verunsichert, meidet jede Konfrontation. Auf die anderen wirkt sein Verhalten eigenartig, befremdend oder sogar lächerlich. Im Sinne von „selber schuld!" fühlen sie sich bestärkt und aufgefordert, mit dem Spott weiterzumachen.

Nicht akzeptiert, nicht anerkannt zu sein ist ein hartes Los. Das ursprünglich schwache Selbstwertgefühl verkümmert gänzlich, wenn man nicht mit Hilfe anderer lernt, trotz aller negativen Erfahrungen an sich selbst zu glauben und sich dadurch zu stärken. Wie leicht oder schwer einem das fällt, hängt auch davon ab, welchen Rückhalt man zu Hause findet, wie sehr man von den Eltern ernst genommen und geschätzt wird.

Die Anerkennung durch andere hat also einen bedeutenden Anteil am Aufbau und später an der Bestätigung des Selbstwertgefühls. Wer behauptet, diese Bestätigung nicht zu brauchen, der macht sich oder den anderen etwas vor. Anerkennung ist ein äußerst wichtiges „Seelenvitamin", das bis ins hohe Alter keiner von uns missen möchte.

Glaubst du zu wenig Anerkennung in deinem Leben erfahren zu haben? Oder/und befürchtest du jetzt und in Zukunft viel zu wenig davon zu erhalten? Denk nicht, dass du deshalb keine Chance hast, dein Selbstwertgefühl aufzubauen bzw. zu stärken. Mangelnde Anerkennung erschwert es zwar ein wenig, zu dieser Ich-Stärke zu gelangen, verhindert es aber nicht.

Je unsicherer du bist, je mehr du an dir zweifelst, desto mehr blockst du ab und stellst dein Licht unter den Scheffel. Die anderen reagieren auf dein Verhalten, auf deine Ausstrahlung (die durch die Vorgänge in deinem Inneren, durch die Einstellung zu dir selbst erzeugt wird). Wenn du dich deprimiert, komplexbeladen zurückziehst, wenn du missmutig, rebellisch, abweisend oder überheblich reagierst, dann nimmst du den anderen die Chance, dein wahres „Ich" zu erfahren und somit anzuerkennen. Unterbrich diesen Teufelskreis!

Es ist manchmal erforderlich, selbstbewusst aufzutreten. Richtiges Selbstbewusstsein (nicht Präpotenz oder Dominanz!) kann man aber nur mit einem gut ausgeprägten Selbstwertgefühl erlangen. Und daran soll es nicht scheitern!

Wie kommst du zum selbstbewussten „Ich bin ICH"?

Martina, 14 Jahre
Meine Freundin hat nun einen Freund und ist schon von mehreren angehimmelt worden. Ich aber noch nie. Ich komme mir wie ein hässliches Entlein im Vergleich zu ihr vor. Meine Mutter meint, die Schule gehe vor und dass das nicht so wichtig sei. Für mich ist das aber verdammt wichtig! Kürzlich zum Beispiel bin ich auf einer Fete gewesen. Mit mir wollte keiner tanzen. Bin ich denn so hässlich, dass mich keiner will?! Dazu kommt, dass ich viel zu schüchtern bin. Wenn mich einer anredet, fange ich zu glühen an und schaue aus wie eine Tomate. Alle haben schon einen Freund, nur mich will keiner!

Daniel, 17 Jahre
Seit meinem 14. Lebensjahr habe ich Hemmungen wegen meiner Schweißhände. Beim Tanzen und beim Sex stören sie. Sie sind nicht nur feucht, sie sind naß! Es ist für mich eine Schande, Schweißhände zu haben. Meine Hemmungen diesbezüglich werden immer ärger. Ich kenne keinen, der mein Problem hat. Nur wenn ich viel getrunken habe, sind meine Hände nicht so schweißig, denn dann bin ich locker. Der Grund könnte mein Temperament sein. Ich bin aufbrausend, nervös und eigentlich unsicher.

Monika, 14 Jahre
Ich wünschte, ich wäre ein anderer Mensch! Es gibt in der Schule einige, die gegen mich was haben. Immer bekomme ich die Schuld. Sie spotten mich wegen meines Familiennamens aus und sagen, ich sei „strohdumm". Meine Eltern sagen, ich soll mir nichts draus machen und mich wehren. Aber das trau ich mich nicht.

Laura, 14 Jahre

Ich habe ein Problem, mit dem ich nicht fertig werde. Meine beste Freundin hat seit kurzem einen Freund, mit dem sie immer herumknutscht. Sie muss doch sehen, wie weh es mir tut, dass sie einen Freund hat und ich nicht. Ich habe den Ruf als „Langweiler". Jemand hat mir den Ruf angehängt und ich bekomme ihn nicht los. Dabei finden mich meine Bekannten nett. Meine Freundin hat immer mehr Erfolg, sie hat „Sexappeal". So viel Charme wie sie werde ich nie haben können. Sie ist bei den beliebtesten Leuten in der Stadt immer eingeladen, bei jeder „In-Clique" dabei. Natürlich könnte ich mich an meine Freundin ranschmeißen, dass sie mich mitnimmt. Aber die Typen sind mir zu cool und ich bin zu unsicher. Wenn ich ihre Beliebtheit sehe, werde ich neidisch. Dabei bin ich gar nicht hässlich und nicht langweilig, nur gehemmt.

Vergleiche dich nicht direkt mit anderen; schon gar nicht, wenn du die Einstellung hast, dass du wenig wert bist. So ein Vergleich kann nur schlecht für dich ausgehen. Du wirst dann wahrscheinlich die anderen unkritisch sehen, sie über- und dich dadurch automatisch unterbewerten. Je unsicherer du dich fühlst, desto eher lässt du dich vom Verhalten anderer beeindrucken und bluffen. Du kannst kaum unterscheiden, ob deine Bewunderung zu Recht besteht, ob sie nur einer aufgesetzten, unechten Fassade gilt oder ob sie deiner negativen Einstellung zu dir selbst entspringt. „Das schaffe ich nie!", „So werde ich nie sein können!", das ist das selbstvernichtende Ergebnis.

Was ist der Unterschied zwischen dir und den erfolgreichen oder imponierend wirkenden anderen? Sind sie besser, fähiger, wertvoller? In einigen Bereichen kann jemand geschickter, erfahrener, versierter, begabter sein als du. Genauso wie es unzählige Menschen gibt, die in Bereichen Schwierigkeiten haben, in denen du keine Probleme hast und in denen dir dein

Verhalten daher selbstverständlich erscheint. Bist du demnach im Vergleich zu diesen Menschen als die bessere, fähigere, wertvollere Person zu bezeichnen? Du würdest solch eine Wertung wahrscheinlich damit abtun: „Das ist doch nichts Besonderes. Das ist ja selbstverständlich. Das hab ich schon immer so gemacht oder so gekonnt. Da ist doch nichts dabei." Man meint immer, dass das, was man bereits erworben und automatisiert hat, selbstverständlich und nichts Besonderes sei. Vielseitige Fähigkeiten, sympathisches Verhalten und menschliche Qualitäten sind natürlich anerkennenswert. Das besagt aber noch lange nicht, dass diese Person deshalb besser, fähiger, wertvoller ist als du und es verdient, auf ein Podest gehoben zu werden.

Es gibt keinen Menschen, der alles kann, dem alles gelingt, der alles erreicht. Nicht alle Schwächen und Fehler eines Menschen sind gleich ersichtlich. Wie schon erwähnt, gehört zu einem gesunden Selbstwertgefühl auch, dass man die eigenen Schwachstellen erkennt. Wer selbstbewusst ist, kann damit umgehen, ohne Angst vor Versagen, ohne Scheu sich zu blamieren. Das führt zu einem unbeschwerten, lockeren Auftreten. So ein Verhalten ist unkompliziert, es wirkt daher sympathisch und achtenswert. Auch diese unbeschwerte Art bewirkt, dass dem Gehemmten der lockere Typ besser, fähiger, wichtiger, wertvoller scheint. Im Schatten dieser „Größe" bleiben die eigenen Qualitäten unentdeckt oder unterbewertet. Es entsteht die Einstellung: „So werde ich nie sein können! Ich bin langweilig, unattraktiv, schwach. Ich kann daher von anderen gar nicht ernst genommen werden. Ich bin für niemanden wichtig."

Die Macht der Einstellung
Die Einstellung zu dir und deiner Umwelt (d. h., welchen Gedankengängen du den Vorzug gibst, wie du sie subjektiv bewertest und empfindest) ist das Um und Auf. Sie fördert oder hemmt dich, Ereignisse, Situationen und andere Menschen

richtig zu beurteilen. Es ist wichtig, diese Einstellungen immer wieder zu überprüfen, sonst kann es leicht zu Vorurteilen kommen. Diese wiederum engen die Wahrnehmung ein oder verzerren sie. Wenn du z. B. Fremden gegenüber gehemmt bist und schon schlechte Erfahrungen gemacht hast, wirst du gegenüber Fremden negativ eingestellt sein. Wenn du dann von deinen Freunden erzählt bekommst, dass die Kinder aus der Nachbarschule, die du nicht kennst, voll miese Typen sind, dann ist dein Vorurteil gegen Fremde bekräftigt. Jetzt triffst du zufällig auf jemanden aus dieser Schule. Sofort bist du durch deine Einstellung blockiert und nimmst nur das wahr, was diesem Vorurteil entspricht. Der andere wird Mühe haben, dich dazu zu bringen, ihn gerecht zu beurteilen.

Dazu ein Beispiel – es handelt sich um eine abgewandelte griechische Fabel aus der Antike:
Ein Weiser sitzt an einer Wegkreuzung nach Athen, Korinth und Sparta. Da kommt ein Wanderer aus Korinth des Weges. Er fragt den Weisen: „Ich gehe nach Athen. Kennst du die Athener?" Der Weise antwortet mit der Gegenfrage: „Wie sind denn die Menschen in Korinth?" „Ach", meint der Wanderer, „sie sind schrecklich! Sie sind unehrlich und äußerst unfreundlich." Der Weise sagt: „Genauso sind die Menschen in Athen!"
Nach einiger Zeit kommt ein Eseltreiber aus Sparta des Weges. Auch er fragt den Weisen: „Ich gehe nach Athen. Kennst du die Athener?" Der Weise antwortet wieder mit der Gegenfrage: „Wie sind denn die Menschen in Sparta?" Der Eseltreiber meint: „Sie sind liebenswert! Sie sind ehrlich und äußerst freundlich." Der Weise sagt: „Genauso sind die Menschen in Athen!"
Wie sind die Athener nun wirklich? Es wird sicher unter ihnen, wie in allen Städten, freundliche, unfreundliche, ehrliche und unehrliche Menschen geben. Was glaubst du, haben der Wanderer und der Eseltreiber in Athen erlebt?

24

Der Wanderer erzählt seinen Freunden: „Der Weise hat völlig Recht behalten. Die Athener sind alle schreckliche Menschen. Von jedem bin ich belogen worden."

Der Eseltreiber erzählt seinen Freunden: „Der Weise hat völlig Recht behalten. Die Athener sind alle liebenswerte Menschen. Jeder ist mir freundlich begegnet."

Du erwartest immer das, worauf du eingestellt bist. Je starrer du daran festhältst, desto eingeengter ist deine Wahrnehmung. Sie lässt dich das erleben und sehen, was du dir eingeredet hast.

Auch deine Selbstbeurteilung und dein Selbstbild werden aufgrund der positiven oder negativen Einstellung dir selbst gegenüber und aufgrund erwarteter Fehlschläge oder Erfolge entsprechend von dir gesteuert. Die Einstellung, die du dir schaffst, begünstigt oder beeinträchtigt auch den Aufbau des Selbstwertgefühls.

Jeder Mensch ist ausreichend mit „Persönlichkeitsmaterial" ausgestattet. Dadurch ist gewährleistet, dass er den Lebensalltag zufrieden stellend bewältigen kann. Man braucht nur für außergewöhnliche Bereiche und Handlungen außergewöhnliche Fähigkeiten und Begabungen.

Es hätte also niemand einen Grund, sich als Niete zu fühlen und zu glauben, er könne dies oder jenes im Alltag nicht schaffen. Wenn er dennoch versagt, dann liegt das hauptsächlich an seiner negativen Einstellung, die als Blockade, oft sogar wie ein Betonbunker wirkt. Die benötigten Fähigkeiten sind zwar vorhanden, können aber nicht genützt werden, weil der Unsichere sie nicht erkennt oder an ihrer Wirkung zweifelt und sie daher in sich brachliegen lässt.

Ich möchte dir dazu ein Beispiel geben:

Drei Autofahrer, die noch nicht lang genug Führerscheinbesitzer sind, um routiniert zu sein, steigen je in einen PKW des gleichen Typs ein. Jedes Auto hat also die gleiche PS-Anzahl, den gleichen Hubraum usw., die Motoren sind gleich potent. Einer der drei startet, informiert sich rasch mit einem Blick

durch Rückspiegel, Heck- und Frontscheibe über die Verkehrs-
situation, passt das Fahrtempo an den Verkehr, die Straßenbe-
schaffenheit und andere äußere Gegebenheiten (Wetter, spie-
lende Kinder) an und fährt zügig dahin. Auf der Autobahn nützt
er die PS seines Fahrzeuges, überholt behäbige Vehikel und
Zögerer, saust dahin, ohne das Geschwindigkeitslimit so zu
überschreiten, dass er sich oder andere dadurch gefährdet. Er
kennt die Fähigkeiten und Grenzen seines Autos gut. Wenn er
diese berücksichtigt, weiß er, dass er sich auf seinen PKW
verlassen kann. Er pflegt das Auto, bringt es zum Service und
ist bestens darüber informiert, welche Leistung es bei sicherer
Fahrweise vollbringt. Er scheut daher keine Steigung, keinen
noch so beschwerlichen Weg. So wird er zum trainierten,
routinierten Fahrer, der voll die Kraft der PS zu nützen versteht.

Nun zum zweiten Fahrzeuglenker: Bis jetzt ist er meistens nur
in Begleitung eines sicheren Autofahrers in sein Fahrzeug ge-
stiegen oder hat jemanden mitgenommen, dessen autoritären
Anweisungen er gehorsam gefolgt ist. Er fühlt sich nicht wohl
bei dem Gedanken, sich nun ausschließlich auf sich verlassen
zu müssen. „Ich habe keine Routine. Es fehlt mir an Erfahrung.
Beim Radfahren habe ich mich auch immer ungeschickt gezeigt. Ich übersehe so leicht Verkehrsschilder. Was ist, wenn die
Bremsen versagen? Die Karosserie ist wahrscheinlich nicht
stark genug, sodass ich bei einem Zusammenstoß sicher verletzt werde. Ich muss also besonders vorsichtig und langsam
fahren." Unsichere Gedanken, Selbstzweifel, mangelndes Vertrauen in das ihm zur Verfügung stehende Material erzeugen
die negative und hemmende Einstellung.

Er hätte diese Einstellung nach und nach lockern können,
wenn er z. B. zuerst einmal auf einem geschützten Auto-
übungsplatz das Alleinfahren geübt hätte. Dort hätte er die
Möglichkeit, Erfahrungen zu sammeln, das Auto besser kennen
und beherrschen zu lernen, sich und dem Fahrzeug mehr zu

vertrauen. Das ist ein guter Weg, Unsicherheiten zu überwinden. Es ist absolut keine Schande, sich einfacheren Vorübungen zu unterziehen, wenn man sich nicht ganz wohl bei einer Sache fühlt. Dazu ein anderes Beispiel: Der eine lernt schwimmen, indem er gleich ins Wasser springt, der andere, indem er zuerst im Trockenen übt, dann im seichten Wasser und erst später auch im tiefen. Letztendlich aber sind beide gleich gute Schwimmer. Falsch wäre es, sich einzureden, nie schwimmen lernen zu können oder sich durch die Angst zu blockieren, dass man eventuell untergehen könnte.

Nun zurück zur Ausgangssituation dieses gehemmten Autofahrers: Zögernd startet er das Auto und schon stirbt der Motor ab. Er hat zu zaghaft Gas gegeben. Er versucht es noch einmal. Er zwingt sich nun, energischer Gas zu geben. Da er nicht der „coole Typ" ist, hat er nicht gelernt mit seinen Kräften richtig umzugehen. Es fehlt ihm das Gespür für die richtige Dosierung, er übertreibt daher, der Motor heult auf, das Auto macht einen rüden Ruck. Vor Schreck tritt er sogleich auf die Bremse. Am liebsten würde er sofort aussteigen. Er schämt sich aber, wieder Begleiter in Anspruch nehmen zu müssen. „Jeder fährt heutzutage schon mit dem Auto. Ich werde zwar nie ein guter Autofahrer werden, aber zumindest mithalten müsste ich können. Was werden die anderen über mich denken, wenn ich nicht einmal das schaffe, was für jeden anderen eine Kleinigkeit bedeutet!" Mit schwitzigen Händen und zittrigen Knien versucht er es noch einmal. Es gelingt ihm, das Auto in Gang zu bringen. Der mühsame Versuch, sich zu überwinden, die Angst vor dem Versagen, die Unsicherheit, haben seine Aufmerksamkeit eingeschränkt. Er vergisst beim Einordnen in die Fahrspur in den Rückspiegel zu blicken und hätte beinahe einen Mopedfahrer gestreift. „Idiot! Hast du den Führerschein im Lotto gewonnen?!", begleitet durch das Heben des Mittelfingers, ist die Reaktion des Mopedfahrers. Der Autolenker denkt nun nicht, dass er nur wegen seiner übertriebenen Anspannung eingeengt und dadurch verständlicherweise unaufmerksam gewesen ist. Er erkennt auch nicht, dass die rüde Äußerung des Mopedlenkers ein Ventil für seinen Schrecken war. Nein: Er sieht sich in seiner Einstellung bestätigt, blöder, unfähiger als alle anderen Autofahrer zu sein.

Die Schweißperlen stehen ihm auf der Stirn, das Hemd ist durchgeschwitzt, verkrampft hält er sich am Lenkrad fest. Einige Kilometer Autobahn stehen ihm noch bevor. Am liebsten würde er das Weiterfahren vermeiden. Er versucht sich ein wenig zu beruhigen. Er redet sich gut zu, dass es auf der Autobahn keine Ampeln und keine Kreuzungen gibt, dass er immer auf der rechten Fahrspur bleiben und sich dadurch besser konzentrieren kann. Ohne größere Probleme legt er die paar Kilometer Autobahn zurück. Erleichtert erreicht er sein Ziel. Aber kaum angelangt, geht ihm die Situation auf der Autobahn durch den Kopf. In der Vorstellung erlebt er nochmals, wie all die anderen Autofahrer an ihm vorbeigeschossen sind, wie oft er wegen seines langsamen Fahrens angeblinkt wurde und wie er sogar von einem beladenen Holztransporter überholt worden ist. Deshalb denkt er nicht: „Ich habe es zumindest einmal geschafft, das Ziel zu erreichen. Das nächste Mal wird es bereits ein wenig besser gehen. Von Mal zu Mal gewinne ich mehr an Sicherheit. Ich weiß, dass mein Auto verläßlich und stark genug ist. Ich werde schon noch lernen, all die PS zu nützen und dann jede Hürde zu nehmen." Mit solchen Gedanken würde er eine positive Einstellung schaffen, aber stattdessen beschließt er, nur noch in äußersten Notfällen wieder allein zu fahren. Er ist überzeugt: „Ich werde nie so wie die anderen sicher und flott fahren können!" Dies wird zur einengenden Einstellung, die jede Weiterentwicklung verhindert. Was hilft das gute Fahrzeug mit dem potenten Motor, wenn der Autolenker die PS nicht zu nützen versteht und die Handbremse anzieht statt Gas zu geben?

Nun noch kurz zum dritten Autofahrer: Er nimmt seine Freun-

de mit, lässt den Motor an und macht einen Blitzstart, bei dem die Reifen quietschen. „Jetzt werde ich euch zeigen, was die Karre hergibt", sagt er angeberisch zu seinen Freunden. Er denkt: „Ich bin kein Schlappschwanz, kein Looser. Ein ganzer Kerl fürchtet sich nicht vor Geschwindigkeit. Ich hab alles im Griff, mir passiert nichts. Ich bin voll gut drauf." Der Tachometer zeigt schon den Grenzbereich an: „Was soll's. Ich kann selbst eine lahme Ente zum Rennwagen machen!" Die Freunde sind beeindruckt. Einer hetzt ihn sogar noch auf: „Den Mercedes wirst du doch wohl noch abschießen können! Schieß ihn ab! Los doch!" Durch ein riskantes Überholmanöver gelingt ihm das auch. Die Freunde drehen sich um und zeigen dem Mercedesfahrer den erhobenen Mittelfinger. Alle fühlen sich voll cool. Je mehr die anderen Autofahrer über sie schimpfen, desto besser. Das bestätigt sie nur, etwas Besonderes zu sein.
Ich will das Beispiel nun nicht mit Gewalt dramatisieren. Ich schildere daher nicht die zu erwartende Konsequenz eines Unfalls. Es genügt, wenn diese Wahnsinnsfahrt mit einem Getriebeschaden endet, weil das Auto falsch genutzt wird.
Auch der Autofahrer dieses Beispiels ist blockiert. Nicht durch Unsicherheit, sondern durch seine Selbstüberschätzung. Auch bei ihm verhindert die Blockade die Gesamtsituation zu erfassen, die eigenen Fähigkeiten und die des Fahrzeuges richtig einzuschätzen. Auch er versteht es nicht, die Kraft des Motors sinnvoll zu nützen. Unnötig verschleißt er vorzeitig das gute Material. Seine Fähigkeiten sind um keinen Deut besser als die des unsicheren Autolenkers.
Die selbstüberschätzende Einstellung macht ihn blind für seine Grenzen. Auch er kann sich nicht weiterentwickeln und zu dem werden, was er zu sein vorgibt: ein Spitzenrennfahrer.

Die „Macht der Einstellung" bedeutet also nicht, dass du dir nur irgendetwas einzureden brauchst und schon bist du erfolgreich. Es gilt, sich die richtige Einstellung zu schaffen. Sie wird dich dann weiterbringen, wenn du deine „PS" erkennst, deinem guten „Material" vertraust und daran glaubst, dass dein „Motor" stark genug ist, um jede Strecke im Leben als normaler „Autofahrer" zu meistern. Ob du gleich losstartest oder vorher Übungsstunden absolvierst ist letztendlich nicht von Bedeutung. Wichtig ist die Selbstermutigung, der Glaube an dich selbst, das Vertrauen: „Ich kann!" Dadurch bleiben deine Fähigkeiten nicht brachliegen, du lernst sie zu nutzen und bist dann ebenso erfolgreich wie diejenigen, die du jetzt noch bewunderst.

Erkenne deine Persönlichkeitsmerkmale

Wie kommst du zu dem wichtigen Selbstgefühl, das dir vermittelt: „Ich kann!"? Dazu ist es erforderlich, dass du dir die Mühe machst, deine Erfahrungen, Empfindungen und Verhaltensweisen zu analysieren und zu hinterfragen.

Du wirst nicht alles an dir schlecht finden oder in Frage stellen. Selbst wenn du gar nichts an dir entdeckst, womit du zufrieden, weswegen du stolz auf dich bist, so gibt es doch sicher einiges, das du zumindest nicht abwertest, weil es dir „normal" und „selbstverständlich" erscheint.

Aber was heißt überhaupt „normal"? Ist es ein Richtwert für das, was allgemein üblich bzw. weit verbreitet ist? Es ist zum Beispiel weit verbreitet, sich rücksichtslos zu verhalten und egozentrisch zu handeln, es ist weit verbreitet, nur auf seinen Vorteil bedacht zu sein, wenig Sensibilität für Umwelt und Mitmenschen aufzubringen, wenig Herz für schwache Menschen, Randgruppen und Tiere zu haben. Empfindest, verhältst du dich in diesem Sinne immer „normal"? Wahrscheinlich nicht, zum Glück.

Auch den Begriff „selbstverständlich" solltest du überdenken. „Selbstverständlich" ist wahrscheinlich für dich all das, woran du gewohnt bist, was dir daher keine Mühe bereitet, was du automatisch tust, empfindest und zeigst. „Selbstverständlich" ist für dich, was dir anerzogen wurde, was du durch die Erziehung als wichtige Regel gelernt hast und befolgst. Ist deshalb all das, was für dich selbstverständlich ist, bedeutungslos? Stecken nicht dahinter zahlreiche positive Persönlichkeitsmerkmale und Fähigkeiten?

Wenn du bis jetzt „normal" mit „nicht erwähnenswert" gleichgesetzt hast, dann bist du im Irrtum gewesen. Um dein positives „Ich" zu ergründen, darfst du ruhig von dem ausgehen, was dir bis jetzt als eben „nur normal" erschienen ist.

Glaub mir, es lohnt sich, schnell umdenken zu lernen, deine „normalen" und „selbstverständlichen" Empfindungen und Handlungen zu zerpflücken, ihnen auf den Grund zu gehen, um so dein wahres „Ich" zu entdecken. Du brauchst nicht daran zu zweifeln, dass auch du bald selbstsicher werden kannst. Auch dann nicht, wenn du nichts findest, was an dir außergewöhnlich, besonders gut und daher deiner Meinung nach lobenswert ist. (Dennoch: Denk gründlich nach, vielleicht fällt dir doch noch etwas ein, worauf du stolz sein kannst, das du an dir magst, ein Ereignis, bei dem du aufgrund deines Verhaltens eine gute Erfahrung gemacht hast.)

Wie gehst du nun beim „Zerpflücken" deiner Empfindungen, deines Verhaltens, deiner Eigenschaften vor?

Ich nehme zuerst einmal an, dass dir doch etwas eingefallen ist, was dir an dir gefällt. Zum Beispiel: Du bist tierliebend. (Das ist weder normal noch selbstverständlich. Denk an die unzähligen Tierquälereien wie Massentierhaltung, Tiertransporte, Tierversuche, ausgesetzte Tiere, nicht artgerechte Haltung, Legebatterien, Kampfhunde, Hunde an Ketten oder im Zwinger usw.) Was bedeutet es, tierliebend zu sein? Du hast Tiere gern. Was heißt das? Du würdest nie einem Tier etwas antun. Du findest sie lieb, schön, wertvoll, siehst sie als Lebewesen, nicht als Gebrauchsgegenstand an. Du streichelst die Katze, spielst mit dem Hund und empfindest Freude daran. Es tut dir weh, wenn du ein verletztes oder misshandeltes Tier siehst.

Was sagt das über dich aus? Welche Persönlichkeitsmerkmale stellst du damit unter Beweis? Du hast Feingefühl. Das bedeutet, dass du nicht seelisch derb, nicht geistig stumpf, sondern empfindsam bist und eine feinsinnige Wahrnehmung hast. Du bist nicht nur auf dich bedacht, sondern auch offen für andere Wesen. Du kannst dich einfühlen. Das bedeutet, dass du nicht starr im Denken bist, sondern über ein gutes Vorstellungsvermögen und bewegliches Denken verfügst. Du bist geistig und seelisch nicht eingeengt, sondern aufnahmefähig und empfindungsreich.

Du bist an Lebewesen interessiert. Das bedeutet, dass du nicht alles abblockst, was dich nicht betrifft, dass du nicht oberflächlich, sondern aufmerksam bist. Du bist nicht blind für deine Umwelt, sondern hast eine gute Beobachtungsgabe und erkennst wesentliche Zusammenhänge.

Du siehst nun, welche Eigenschaften du an dir entdecken kannst, wenn du nur ein Merkmal – wie „tierliebend" – nach seiner Bedeutung hinterfragst. Da du nicht gewohnt bist, so eine Selbstbefragung durchzuführen, fällt sie dir am Anfang sicher noch schwer. Leichter gelingt sie dir, wenn du davon ausgehst, was diese Eigenschaft alles nicht bedeutet und dann das Gegenteil dazu suchst.

Nun ein Beispiel dafür, wie du vorgehen sollst, wenn dir gar nichts Erwähnenswertes zu dir einfällt:
Überlege, wie dein Alltag z. B. am Samstagnachmittag aussah. Du warst nach dem Essen müde und wolltest dich bei Musik ein wenig entspannen. Deine Mutter sagte vorwurfsvoll: „Hast du nichts zu lernen?!" Eine Pseudofrage, die dich jedes Mal nervt. Um nicht allzu frech zu sein, reagiertest du mit einem unwilligen „Ja, ja, gleich". Du hörtest die CD noch zu Ende, dann nahmst du, nicht gerade begeistert, das Biologiebuch zur Hand.
Was sagt das über dich aus? Vielleicht würden jetzt einige

Erwachsene behaupten, dass du faul, desinteressiert, muffig bist, dass du kein Engagement zeigst und deinen Pflichten nicht nachkommst, wenn man dich nicht dazu ermahnt. So könnte man dein Verhalten oberflächlich betrachtet werten. Trifft das wirklich zu? Um das zu überprüfen, musst du hinter die Kulisse deines Verhaltens blicken, also erkunden, welche Gedanken, welche Gefühle du dabei hattest.

Beziehe dich auch auf die Vorstellung, was in dieser Situation ein wirklich negatives Verhalten gewesen wäre. Zum Beispiel hättest du aus Protest den Nachmittag bewusst vertrödeln oder dich in Selbstmitleid ergehen können. Du hättest mit deiner Mutter in Streit geraten oder dich als Opfer ihres Unverständnisses hinstellen können. Du hättest weiters eine totale Lernverweigerung zeigen oder das Lernen in die Pause vor der Biologieprüfung verlegen können.

Wie ist nun dein Verhalten zu verstehen? Die Situation beweist, dass du trotz Widerständen imstande bist, dich zu überwinden. Du bist also kein feiger Kneifer. Obwohl du schon allergisch auf die Ermahnungen deiner Mutter reagierst und dich kurz dagegen sperrst, erkennst du doch, dass es sinnvoller ist, der Aufforderung nachzukommen.

Du bist also nicht stur, auf deinen unmittelbaren Vorteil bedacht, du bist einsichtig, imstande, die Konsequenzen zu erfassen und klug genug, um zu wissen, was du tun musst, um dir nicht zu schaden. Du kannst also darauf vertrauen, dass du nicht zu schwach bist, um eigenverantwortlich und selbstständig zu werden. Du brauchst bald nicht mehr „fremdbestimmt" zu sein.

Mit dieser Art der Selbstbefragung kannst du in deinem Verhalten die darin verborgenen „Ich-Anteile" entdecken. Das Verhalten ist jedoch nicht immer mit dem wirklichen „Sein" gleichzusetzen, wie du in diesem Beispiel schon erkennen konntest. Zum Beispiel verhält man sich manchmal aufgrund irgendwelcher Belastungen, aus Unsicherheit, Ungeduld, körperlichem

Unbehagen oder aus einem sonstigen Motiv intolerant. Dieses intolerante Verhalten besagt aber noch lange nicht, dass man auch intolerant *ist*. Wie erkennst du den Unterschied zwischen „Verhalten" und wirklichem „Sein"? Ganz einfach, indem du deine Beweggründe, dein Empfinden erforschst und die Situation berücksichtigst, in der du dieses Verhalten gezeigt hast.

Nun folgt der nächste schwierige Teil der Betrachtungen deines „Ich": Du musst das Ergebnis dieser zerpflückten Eigenschaften oder Fähigkeiten als deine Werte akzeptieren, an sie glauben. Sperr dich nicht dagegen, indem du meinst, dass du zwar an und für sich tierliebend bist und, wenn auch eher unwillig, doch deine Hausaufgaben gemacht hast, all die aufgezählten Eigenschaften aber dennoch nichts mit dir zu tun hätten. Du irrst, wenn du glaubst, dass sie nicht auf dich zutreffen! Wenn du dieses oder jenes Empfinden, dieses oder jenes Verhalten tatsächlich an den Tag gelegt hast, dann müssen auch entsprechende Persönlichkeitsmerkmale und „Ich-Werte" dahinter stecken, sonst hättest du anders empfunden, hättest dich anders gegeben bzw. verhalten. Aus nichts kommt nichts! Was immer du tust, wie immer du reagierst, du schöpfst aus deinem „Ich".

Wenn dir etwas an dir nicht passt, wenn du unzufrieden mit dir bist, dann stellst du deine Fähigkeiten oder Qualitäten in Frage. Geh also gerechterweise auch bei Positivem so vor und mach deine „Ich-Werte" dafür verantwortlich. Sei ich-bejahend und wehre dich nicht gegen das positive Denken, indem du alles Anerkennenswerte als „Zufall" hinstellst, nach dem Motto „Ein blindes Huhn findet auch einmal ein Korn"! Selbst wenn dein Verhalten, deine Reaktionen wirklich nur durch Zufall so waren, so könnten sie sich nicht auf diese Weise ausdrücken, wenn sie nicht aus deinen persönlichen Ich-Anteilen genährt würden. Diese „Ich-Anteile" gilt es zu entdecken!

„Zufällig" etwas zu tun heißt auch spontan zu handeln, zu

reagieren. Wie sich die Spontaneität äußert, ist auch durch deine Persönlichkeitsmerkmale bestimmt.

Zweifel an bestimmten Qualitäten und Fähigkeiten entstehen auch, wenn diese sich nur einmal in einer so genannten „Sternstunde" gezeigt haben. Alle deine Fähigkeiten, Qualitäten, guten Eigenschaften sind *immer* in dir enthalten! Du bist in der „Sternstunde" nicht verzaubert gewesen. Sie hat nur dazu beigetragen, dass du dich locker, unbeschwert gefühlt hast und dadurch die sonst vergrabenen Werte zum Vorschein kommen konnten.

Ich hoffe, dass du jetzt keinen Widerstand mehr dagegen hast, dein persönliches „Grundmaterial" zu erkennen und daran zu glauben.

Der Weg der Selbstermutigung

Wie aber lernst du dir zu vertrauen, dich zu ermutigen und selbstsicherer zu werden?

Ich setze voraus, dass du bereits die positiven „Ich-Anteile" herausgearbeitet hast. Aber: Was nützen sie dir? Was hast du davon?

Nun geht es wieder ans Zerpflücken. Nur sollst du diesmal die Situationen analysieren, in denen du dich unsicher fühlst, in denen du Angst hast zu versagen. „Wie ist die Situation?" – „Was braucht man, um diese Situation in den Griff zu bekommen, um sie zu bewältigen?" Das sind die Fragen, die du dir jetzt stellen musst.

Ein Beispiel dazu: Du kommst in eine neue Klasse und befürchtest nicht angenommen zu werden. (Falls du bereits negative Erfahrungen damit gemacht hast, bemühe dich, es nicht so zu sehen, dass dir das immer wieder passieren wird. Du würdest dir eine negative Einstellung schaffen und dich dadurch blockieren.) Wie ist die Situation? Es gibt sicher in dieser neuen Klasse, wie in jeder anderen Gruppe, einige Angeber, Wichtigtuer, einige Spötter, aber auch einige, die sensibel und freundlich sind.

Auffallen werden natürlich zuerst die Angeber, Wichtigtuer und Spötter. Da du fremd für sie bist, werden sie dich neugierig beobachten und ausprobieren, wie du auf was reagierst. Du wirst klarerweise ein wenig verloren herumstehen, da du noch fremd bist.

Was braucht *man,* um die Situation zu bewältigen, sie in den Griff zu bekommen? (Sag jetzt nicht: „Selbstsicherheit, die ich nicht habe!" Auch das fördert die negative, blockierende Einstellung. Du sollst diese Gedankenübung ja eben deshalb durchführen, damit du nach und nach Selbstvertrauen und somit Selbstsicherheit gewinnst.) Man muss sich umstellen, auf neue Gegebenheiten einstellen können. Dazu braucht man eine feinsinnige Wahrnehmung, geistige Beweglichkeit, gute Beobachtungs- und Auffassungsgabe.

Man muss verstehen, was hinter dem Verhalten, den Kommentaren provokanter oder überheblicher Mitschüler steckt. Man darf ihre Meinung nicht als gültiges Urteil ansehen. Man muss erkennen, dass dieses Verhalten vor allem dazu dient, sich selbst in Szene zu setzen, denn es ist gar nicht so sehr gegen das neue Mitglied, von dem sie noch kaum etwas wissen können, gerichtet. Dazu benötigt man Vorstellungs- und Einfühlungsvermögen. Weiters muss man sich freundlich und sympathisch zeigen. Dazu braucht man Offenheit und Toleranz.

Beziehe dich nun auf deine „Ich-Werte", z. B. aus der Analyse der Eigenschaft „tierliebend". Wenn du von diesem „Grundmaterial" ausgehst und es mit dem Punkt „Was braucht *man,* um . . ." vergleichst, wirst du erkennen, dass du ausreichend ausgestattet bist, um nicht zu versagen. Die einzigen Schwachpunkte bestehen darin, dass du im Umgang mit so einer Situation noch nicht vertraut und darin nicht geübt bist. Sich in einer ungewohnten Situation ein wenig unsicher zu fühlen ist durchaus natürlich! Nur stumpfe, egozentrische oder selbstherrliche Menschen stehen allem Unbekannten gleichgültig gegenüber.

Was hat „tierliebend sein" mit der Fähigkeit zu tun, die Angst vor dem Eintritt in eine neue Klasse zu bewältigen? Du hast es sicher schon verstanden: Es geht dabei nur darum, die inneren Werte, die für beides erforderlich sind, wahrzunehmen. Ermutige dich mit der Gewißheit: „Ich bin *immer* ich! Nicht ich ändere mich, es ändert sich nur die Situation! Die Eigenschaften, Fähigkeiten, die mir geholfen haben, in dem einen Fall positiv zu agieren, sind in anderen Situationen genauso hilfreich!"

Wenn du dich nicht durch eine negative Einstellung blockierst, dann gelingt es dir, in jeder Situation deine (immer in dir vorhandenen) Werte zum Vorschein zu bringen, sie richtig einzusetzen. Glaub fest daran! So sammelst du gute Erfahrungen, gewinnst dadurch an Selbstvertrauen und durch die „Macht der positiven Einstellung" wird dir vieles leichter gelingen. Das alte „Ich werde nie so wie die anderen sein! Ich kann nicht!" wird zum „Ich kann, denn ich bin ICH!"!

Die positive Ausstrahlung
Nehmen wir an, das alles bereitet dir keine Schwierigkeiten mehr. Aber du fühlst dich hässlich, unattraktiv, du kannst deine Nase, überhaupt dein Gesicht nicht leiden. Oder du lehnst deine Figur ab, weil du zu dick, zu dünn, zu klein oder zu groß bist. Was nützen dir dann alle „Ich-Analysen", Eigenschaften und Fähigkeiten?! Die Leute reagieren zuallererst auf Äußerlichkeiten, innere Werte bleiben meist länger unentdeckt.

Abgesehen davon, dass du mit Hilfe von Kosmetik, mit entsprechender Kleidung, mit höheren oder niedrigeren Schuhen, mit Sport und gesunder Ernährung äußere Mängel beseitigen oder zumindest kaschieren kannst, stehen dir noch stärkere Mittel zur Verfügung: deine Ausstrahlung und dein Auftreten. Von allen Äußerlichkeiten sind es die Ausstrahlung und das Auftreten eines Menschen, die von anderen zuerst wahr- und wichtig genommen werden.

Die Ausstrahlung wird durch dein Wesen (d. h. alle unblockierten „Ich-Anteile"), durch die lockere, offene Art (die durch Selbstvertrauen erreicht wird) oder/und durch freundliches, sympathisches Benehmen (das ist leicht erlernbar) erzeugt. Das Auftreten ist abhängig davon, ob du in gelöster oder gespannter Stimmung bist, und diese ist hauptsächlich durch deine Einstellung bestimmt. Glaub mir, kein noch so äußerlich deutlich erkennbarer Makel verhindert, dass du anerkannt und gemocht werden kannst.

Denk an Schauspieler, Sänger und andere Persönlichkeiten, die du bewunderst. Versuche sie nüchtern zu betrachten. Ist bei allen das Aussehen makellos? Ausnahme sind Models, die jedoch wie ein Ziergegenstand, ein Aufputz bewundert werden, kaum jedoch als Persönlichkeit. Beobachte auch Paare. Nicht immer ist ein hübscher Mensch auch mit einem ebenso hübschen Partner zusammen. Es gibt genug Beweise, die dir zeigen, dass es wirklich in erster Linie auf die Ausstrahlung, in zweiter Linie auf das Auftreten und nur ein wenig auch auf das Aussehen ankommt.

Ich möchte dir dazu eine Geschichte erzählen:

Es war einmal (keine Angst, es wird kein Märchen für Kleinkinder) ein Mädchen, das überhaupt nicht hübsch war. Sie hatte Pickel im Gesicht, eine zu große Nase, zu dünne Haare, die sich kaum zu einer schicken Frisur trimmen ließen, breite Hüften, aber dafür einen Minibusen. Außerdem war sie viel größer als alle in ihrer Klasse. Sie litt enorm unter ihrem Aussehen und versuchte, zumindest den Minibusen und die breiten Hüften durch lange, weite, dunkelfarbige Pullover oder T-Shirts zu kaschieren. Sie trug immer den gleichen Stil, weil sie es nicht wagte, sich den Modetrends anzuschließen. Sie verdrückte sich gern in den letzten Winkel, damit sie nicht allzu mächtig aus der Gruppe herausragte.

Ihre Komplexe begannen schon in der Grundschule. Damals

war es jedoch nur ihre Größe gewesen, die ihr zu schaffen gemacht hatte. Und das auch nur deshalb, weil sie von der Lehrerin in die letzte Bank versetzt worden war mit dem „witzig" gemeinten Kommentar: „Dein riesiger Körper verdeckt sonst die Tafel!" Alle Kinder hatten gelacht. Jetzt erst war ihr deutlich bewusst geworden, anders als die anderen und nach ihrer Deutung hässlicher zu sein.

Richtige Freunde hatte sie nie gehabt. Sie war auch davon überzeugt, dass keiner Interesse an ihr haben könne, weil sie so unattraktiv aussehe. Sie gewann den Eindruck, dass es in ihrer Klasse nur hübsche und einige besonders hübsche Mitschüler gebe. Je mehr sie die anderen bewunderte und beneidete, desto hässlicher kam sie sich vor und desto unmöglicher schien es ihr, von den Mitschülern einmal akzeptiert zu werden.

Da sie zu Gleichaltrigen keinen Kontakt hatte, verbrachte sie ihre Freizeit meist allein oder mit ihren jüngeren Kusinen. Sie vertrieb sich den Nachmittag mit Fernsehen oder Lesen. (Zu lernen wagte sie kaum. Sie war sehr klug und befürchtete, als „Streberin" zu gelten und noch mehr Spott ertragen zu müssen.) Sie war es daher nicht gewohnt, mit Gleichaltrigen umzugehen. Sie zog sich in ihr Schneckenhaus zurück. Das hatte zur Folge, dass die anderen ihr Verhalten als Desinteresse an der Klassengemeinschaft, sogar als Hochnäsigkeit deuteten. Sie machten ihrem Ärger einmal Luft und spotteten: „Du Langnase bist hochnäsig!" Statt nun die anderen über den Grund ihres Verhaltens aufzuklären (einige feinfühlige Mitschüler hätten sie sicher verstanden), kämpfte sie gegen die Tränen an und zog sich verkrampft zurück. Sie hörte gerade noch, wie ein Junge zu den anderen sagte: „Lasst sie, die will von uns nichts wissen. Sie ist eben Arsch wie ihr Gesicht!" Sie hätte noch die Chance gehabt, die Situation ins rechte Lot zu bringen, wenn sie erkannt hätte, dass diese harte Aussage nur eine Reaktion darauf war, dass die anderen sich von ihr abgewertet fühlten.

Aber dazu hätte sie Menschenkenntnis und Selbstwertgefühl gebraucht, das die Komplexe aber nicht aufkommen ließen. Stattdessen hämmerte es weiter in ihrem Gehirn: „Arschgesicht, Arschgesicht!" Verzweifelt beschloss sie, nie wieder die Klasse zu betreten.

Der Mutter konnte und wollte sie nichts darüber sagen. Sie musste am nächsten Schultag so tun, als ob sie zur Schule gehe. Sie schlich ohne bestimmtes Ziel durch die Gegend. Immer mehr entfernte sie sich von ihrem Wohnort, weit und breit war schon kein Haus mehr zu sehen. Sie sah und hörte nichts um sich herum, nur das Hämmern in ihrem Kopf: „Arschgesicht, Arschgesicht!"

Plötzlich wurde es ungewöhnlich warm. Das Hämmern im Kopf hörte schlagartig auf. Verwirrt blickte sie sich um und versuchte die Quelle dieser intensiven Wärme zu orten. Sie entdeckte eine Art Energiefeld, dessen gelb-oranges Licht gerade noch sichtbar war. Das Licht begann sich zu verdichten und nahm Gestalt an, keine menschliche Gestalt, das Wesen glich eher einem „Michelin-Männchen" (ein unförmiges Geschöpf, dessen Körper aus verschieden großen Reifen besteht). Doch veränderte diese Gestalt immer wieder ihre Form. Mal erschien sie lang gezogen wie eine in den Himmel ragende Spirale, dann wieder wie ein kleiner Kreisel, der sich in die Erde bohrte. Sie war immer in drehender Bewegung. „Es kann sich nur um einen Alien handeln", dachte das Mädchen. Weiter konnte sie nicht denken, denn plötzlich verschwanden ihre Gedanken, wie wenn sie abgesaugt würden. Fremde Gedanken besetzten ihr Gehirn. Diese neuen Gedanken waren so energiegeladen, dass sie anfangs meinte, ihr Gehirn würde zerplatzen. Kaum hatte sie sich an diese neue Kraft in ihrem Kopf gewöhnt, verblasste der „Alien", bis nicht einmal mehr sein Energiefeld zu spüren war.

Die neuen Gedanken begannen dem Mädchen Informationen zu geben: „Wir sind dir gesendet worden, weil wir die Macht haben, dich hübsch und selbstbewusst zu machen. Du musst nur eine Bedingung erfüllen: Du darfst ein ganzes Jahr lang in keinen Spiegel und keine spiegelähnliche Fläche blicken. Wenn du deinen Teil erfüllst, verlassen wir dich nicht. Du bleibst dann für alle Zeiten hübsch und selbstbewusst. Es wird dir gleich ganz heiß werden. Erschrick nicht. Das ist die Energie, die dich hübsch werden lässt." Das Mädchen wollte natürlich die Bedingung erfüllen. Es wurde ihr heiß und heißer, sie begann zu glühen. Es war ihr, als würde all ihre Hässlichkeit weggebrannt werden. Als sich ihre Körpertemperatur wieder normalisierte, eilte sie rasch nach Hause. Von ihrer früheren Schwerfälligkeit war nichts mehr zu spüren. „Es wirkt!", dachte das Mädchen glücklich und konnte es nicht erwarten, die anderen mit ihrem schönen Aussehen zu konfrontieren.

(An dieser Stelle könntest du die Geschichte sicher selbst fortsetzen. Wenn du dieses Kapitel von Anfang an gelesen hast, ist dir nun klar, was sich weiter ereignen wird. Mal sehen, ob wir beide zur selben Aussage kommen.)

Überzeugt davon, nun schön zu sein, strahlte das Mädchen und ging offenen Blickes durch ihren Wohnort. Einem Nachbarn, den sie sonst nur leise grüßte, wünschte sie fröhlich und mit fester Stimme einen guten Abend. Angenehm überrascht erwiderte der Nachbar ihren Gruß und fügte hinzu: „Du siehst aber heute gut aus." Dieser Satz war für das Mädchen die schon ersehnte Bestätigung ihrer wunderbaren Wandlung. Sie spürte, wie sich ihr Rücken straffte, sie wagte es wieder gerade zu gehen, denn groß zu sein bedeutete nun für sie, die neu errungene Schönheit deutlicher zur Schau zu stellen.

(Wenn du denkst, dass sie begann eingebildet zu werden, dann irrst du. Die Erlebnisse aus ihrer komplexbeladenen Zeit hatten sich zu tief in ihre Seele eingegraben, sodass sie dankbar für ihre neue Rolle war. Sie empfand nicht Stolz, sondern nur Freude und war enorm erleichtert.)

Zu Hause angelangt, fragte die Mutter: „Ist dir der Märchenprinz begegnet? Du siehst so glücklich aus. Das steht dir ausgezeichnet. So gefällst du mir!" – „Pah, von wegen Märchenprinz!", dachte das Mädchen, „typisch Mutter. Ich *bin* nun endlich schön, so oder so!" Fast hätte sie sich vor den Spiegel gestellt, um sich genüsslich zu betrachten. Die Verlockung war groß, aber die Angst, die Energiegedanken und somit die Schönheit zu verlieren, noch größer.

Am nächsten Tag stand sie viel früher auf als sonst. Sie nahm sich Zeit, Stylingschaum in ihr Haar zu massieren und es geduldig zu föhnen. Sie wollte schon einen ihrer üblichen schwarzen Pullis anziehen, aber plötzlich fand sie ihn scheußlich. Da fiel ihr ein, dass sie im Schrank ein noch nie getragenes Sweatshirt hatte. Es war ihr immer zu auffallend vorgekommen, deshalb hatte sie nie damit herumlaufen wollen. Jetzt aber schlüpfte sie freudig hinein. Sie fühlte sich sogleich wohl in ihrem neuen Outfit. „Soll ich mir die Nasenspitze dunkler schminken, damit die Nase kleiner wirkt? Unsinn!", dachte sie, „ohne in den Spiegel schauen zu dürfen klecker ich nur herum. Was soll's. Wenn ich schön bin, kann ich es mir leisten, eine große Nase zu haben. Die Schauspielerin Barbra Streisand ist auch mit so einem Zinken bestückt, und sie zählt zu den attraktivsten Frauen."

Auf dem Weg zur Schule wurde ihr ein wenig mulmig. Schon setzten die Energiegedanken ein: „Jetzt gehöre ich zu ihnen. Ich bin kein Außenseiter mehr. Es gibt keinen Grund, über mich Witze zu reißen. Sie werden mich sicher akzeptieren."

„Hi", grüßte sie freundlich und selbstbewusst ihren Sitznachbarn. „Hi", sagte der verwundert. Noch erstaunter reagierte er, als sie ihn locker fragte: „Gibst du mir kurz dein Mathe-Hausübungsheft? Ich hatte gestern keine Zeit, die Hausübung zu machen. Darf ich sie schnell abschreiben? Das wäre voll cool." Wortlos gab ihr der Junge das Heft. „Wow! Du bist Spitze!", entfuhr es ihr. Sie erschrak ein wenig über ihre ungewohnte Spontaneität. Sie wollte die Gelegenheit nützen, um mit ihrem

Nachbarn noch mehr in Kontakt zu kommen. „Geht dir Mathe auch so auf den Keks? Ich brauch ewig für ein Beispiel. Ich hab gesehen, dass du Rollerblades fährst. Ich habe das noch nie probiert." – „Kannst ja einmal mitkommen. Du wirst das schon hinkriegen", meinte der Junge nüchtern. Den neutralen Tonfall merkte das Mädchen gar nicht. Sie erlebte zum ersten Mal, dass auf sie eingegangen wurde. Sie führte diesen kleinen Erfolg auf ihr schönes Aussehen zurück.

In der Pause verdrückte sie sich nicht mehr in den letzten Winkel. Sie wagte es sogar, sich zu einer Gruppe von Mitschülerinnen zu stellen. Eigenartig, sie erschienen ihr gar nicht mehr so schön wie früher. Aber sie entdeckte etwas, das ihr bis jetzt nicht aufgefallen war, nämlich dass sie nett waren und ähnliche Interessen hatten.

Es kam ihr vor, als sei das der erste richtige Schultag in ihrem Leben gewesen. Das alte „Ich" war in weite Ferne gerückt. Ein neues Bedürfnis stellte sich ein: der Hunger nach Kontakt. Sie hatte plötzlich Lust, mit anderen ins Gespräch zu kommen. Die konfliktlose Minikonversation mit ihrem Sitznachbarn hatte sie ermutigt.

An den nächsten Schultagen begann sie sich immer mehr an den Gesprächen zu beteiligen. Niemand lehnte sie ab, keiner machte abfällige Bemerkungen. Sie wurde aufgenommen, als wäre es immer schon so gewesen. „Ich wusste ja, man braucht nur schön zu sein, und schon gehört man dazu!", dachte das Mädchen und lächelte in sich hinein. Sie fühlte sich rundherum wohl. Das bewirkte, dass sie immer müheloser mit den anderen zu plaudern verstand. Sie selbst war überrascht, dass sie so viel zu sagen wusste, sich so gut ausdrücken konnte und gar nicht langweilig wirkte. Sie war mit sich zufrieden, und das strahlte sie auch auf angenehme, sympathische Art aus.

Nach der Schule schlich sie sich nicht mehr wie üblich davon. Sie gewöhnte sich an, mit einigen anderen noch vor dem Schultor ein wenig zu plaudern.

Als sie sich eines Tages freundlich verabschieden wollte, sagte eine der beliebtesten Mitschülerinnen zu ihr: „Wir gehen Basketball spielen. Hast du Lust mitzukommen?" Bevor sie antworten konnte, rief ein Junge grinsend dazwischen: „Spitzenidee! Wir brauchen so eine lange Latte wie dich!" Alle kicherten. Alle, auch wirklich alle, denn selbst das Mädchen lachte mit. Keine Spur mehr von Komplexen! Es war zwar keine besonders feinfühlige Bemerkung des Jungen, aber das Mädchen nahm nichts mehr so tierisch ernst. Sie kam gar nicht auf die Idee, dass das abwertend gemeint hätte sein können. Sie hatte in den letzten Tagen erlebt, dass auch andere sich hie und da Spötteleien gefallen lassen mussten. Und sie hatte beobachtet, dass die „Opfer" sich keineswegs als solche fühlten. Je nach Laune übergingen sie die blöden Bemerkungen, entgegneten selbstbewusst oder machten sich selbst über sich lustig, um dem Spötter den Wind aus den Segeln zu nehmen.

Das Mädchen vertröstete die Mitschülerin auf ein anderes Mal. Sie wollte noch nicht mit den anderen Basketball spielen, da sie eher unsportlich und besonders in Basketball ungeübt war. Sie schätzte ihr Können bzw. Nichtkönnen richtig ein und nahm sich vor, gegen den sportlichen Schwachpunkt im Eigentraining etwas zu unternehmen.

Das Schuljahr war schnell um. Das Mädchen hatte inzwischen eine beste Freundin und mehrere Freunde gewonnen. Sie wusste nun, dass sie andere unterhalten, ideenreich und locker sein konnte. Immer mehr erkannte sie, dass sie vor allem wegen ihrer unbeschwerten Art beliebter und beliebter geworden war.

Endlich kam der Zeitpunkt, an dem das Mädchen in den Spiegel blicken durfte. Ein aufregender Moment.

(Jetzt bin ich sicher, dass wir beide den Ausgang der Geschichte kennen!)

Sie sah im Spiegel das gewohnte Gesicht, nur mit weniger Pickeln, jedoch mit der nach wie vor unschönen Nase. Die

Haare waren noch immer gleich schütter, aber der Styling-schaum machte die Frisur halbwegs annehmbar. Ihr Blick glitt weiter an ihrem Körper entlang. Der Busen war in dem Jahr ein wenig, ihres Erachtens nach viel zu wenig größer geworden, die Hüften jedoch waren fast noch breiter. Noch immer wirkte ihre Figur derb. Nichts an ihr konnte man als wirklich schön bezeichnen. Und doch wirkte sie hübsch. Das durch die Energiegedanken vermittelte Versprechen des „Alien" war also eingehalten worden!

Der Anblick ihres Spiegelbildes enttäuschte das Mädchen zu-nächst, dann aber merkte sie, dass sie sich gar nicht so übel ausnahm. Der Gesamteindruck war durchaus ansprechend. Sie wirkte gepflegt, schick, alles passte zusammen. Der Haar-schnitt stand ihr gut, sie war dezent geschminkt, ihrem Typ entsprechend gekleidet, nicht zu oldie, nicht zu trendy. Dass sie hübsch aussah, das bewirkte aber vor allem ihre gelöste Art, ihre positive Ausstrahlung!

Bist du noch immer nicht überzeugt, dass es auch dir gelingen wird, zum „Ich bin ICH", zum „Ich kann!" zu gelangen? Dann überprüfe, welche Erlebnisse, welche Gefühle dich blockieren. Unter so einem Druck ist es nicht leicht, zu einer positiven Einstellung zu gelangen. Wenn du in deinen Problemen gefan-gen bist, dann fällt es schwer, die Gedanken zu ordnen, den Inhalten die richtige Bedeutung beizumessen. Vielleicht ist es einfacher, dir über Gefühle klar zu werden, wenn du deine Sorgen, Probleme, aber natürlich auch schöne, positive Ereig-nisse in ein Tagebuch notierst.

Das Tagebuch

„Das ist nur was für Mädchen!", denken leider viele. Ich hinge-gen finde das nicht. Gerade für Jungen, die es ohnehin oft schwerer haben, über ihre Probleme zu sprechen, Gefühle auszudrücken, ist so ein Tagebuch hilfreich. Im Tagebuch brauchst du dich nicht „cool" geben. Du kannst ehrlich zu dir sein, ohne Scheu davor, als zu „softy" zu gelten.

Jeder, gleich ob Mädchen oder Junge, ob Jugendlicher oder Erwachsener, möchte und sollte sich aussprechen können, wenn sie/ihn etwas bewegt. Wer alles in seine Seele hineinfrisst, ohne es auch mal ausspucken zu dürfen, dem wird übler und übler werden. Lustlos bis depressiv zieht er sich zurück. Oder der unverdaute „Seelenmist" beginnt zu gären, vergiftet die positiven Seelenanteile und somit auch jede Stimmung. Missmut und Unfreundlichkeit sind die „Gärgase".

Wer Probleme und Gefühle ständig in sich hineinstopft und nichts aus sich herauslässt, der steht unter Anspannung. Der innere Druck braucht ein Ventil, über das er abgelassen werden kann. Gibt es dieses nicht, dann entweicht er unkontrolliert und zischt bei jeder Lücke heraus, die sich finden lässt. Es kommt zu Fehlverhalten und unverständlichen Reaktionen. Wird der Druck zu groß und kann er nicht entweichen, dann explodiert man wegen jeder Kleinigkeit. Jähzorn und Aggression sind das Ergebnis.

Selbst wenn du mit Eltern, Geschwistern oder Freunden über alles sprechen kannst, ist es manchmal doch auch hilfreich, dich allein mit deinen Gefühlen auseinander zu setzen. Das kann sich natürlich auch ausschließlich im Kopf abspielen. Wenn du jedoch wichtige oder verworren scheinende Inhalte ins Tagebuch schreibst, dann wird so manches deutlicher erkennbar.

Verwende das Tagebuch als Seelenspiegel, um Empfindungen klar zu sehen, als Mikroskop, um jede noch so kleine Belastung aufzuspüren, als Röntgenbild, um dein Inneres sichtbar zu machen. Nutze es als Ventil, als Klagemauer. Lass es zu deinem Partner werden.

Aber Vorsicht, tappe dabei nicht in die Falle des Selbstmitleids!

Das heißt nicht, dass du dich niemals bedauern darfst. Oft tut es gut, sich ein wenig selbst zu bemitleiden. Wichtig ist, dass du dich nicht in Gefühle hineinsteigerst. Das würde dich nur noch mehr belasten und dir jede Chance nehmen, bald wieder aus dem „Seelenschlamassel" herauszufinden. Übertriebenes Selbstmitleid macht dich blind für jede Lösung. So würdest du dich letztendlich nur selbst bestrafen.

Wie gesagt, ein wenig darfst du dich schon bedauern. Das hilft Gefühle auszudrücken, sie nicht zu verdrängen. Aber bleib nicht am Bedauern kleben. Lerne Gefühle anzunehmen, mit ihnen umzugehen. Erst dann gelingt es, dich wieder zu ermutigen.

Es gibt keine falschen Gefühle! Es ist dein Recht, so zu fühlen, wie du dich eben gerade fühlst! Du sollst dir nichts einreden, dir aber auch kein Gefühl ausreden. Du würdest dich dabei selbst verleugnen. Das Ziel ist, dich selbst gut kennen zu lernen, um zum „Ich kann!" zu gelangen. Das jedoch gelingt nur, wenn du dich – und somit auch deine Gefühle – ernst nimmst.

Mit Gefühlen umgehen heißt:

1. sie ausdrücken, sie klarmachen (geistig, schriftlich, mündlich);
2. dir das Recht geben, sie als zu dir gehörig zu bejahen („Wie müsste ich sein, um nicht so zu empfinden? So bin ich aber nicht!");
3. sie hinterfragen („Was steckt hinter dem Gefühl? Wodurch ist es ausgelöst worden? Welche anderen Gefühle sind noch damit verbunden? Weshalb empfinde, erlebe ich es so?");
4. deine Reaktion als verständlich, aber vorübergehend (!) ansehen (Lösungen, Erklärungen, Hilfestellungen suchen).

Beispiel: Ein Freund hat sich dir gegenüber unfair verhalten. Du fühlst dich schrecklich und spürst, wie dir heiß wird.

1. „Ich bin wütend!"
2. „Selbstverständlich bin ich wütend! Würde mich das kalt

lassen, wäre ich abgestumpft und an seiner Freundschaft nicht interessiert. Das bin ich aber nicht!"

3. „Eigentlich hat mich sein Verhalten verletzt. Warum? Gerade ihm habe ich vertraut. Jetzt glaube ich, dass er mich vielleicht nicht mehr so mag. Deshalb tut mir sein Verhalten so weh. Es ärgert mich, dass ich nur blöd dagestanden bin und ihm nicht gekontert habe. Eigentlich bin ich mehr auf mich wütend als auf ihn. Seinetwegen bin ich eher traurig und enttäuscht. Es täte mir Leid, wenn unsere Freundschaft dadurch einen Knacks bekäme. Ich bin gern mit ihm zusammen."

4. „Kein Wunder, dass ich mich im ersten Augenblick so schrecklich gefühlt habe. Ich bin so ein Verhalten von ihm nicht gewöhnt, es hat mich überrascht. Wenn er immer so ein unfairer Typ wäre, hätte ich mich nicht mit ihm angefreundet. Ich werde mit ihm sprechen. Mal sehen, wie er sich dann verhält."

Wenn du ein Tagebuch führst, dann benütze es also nicht nur als Klagemauer. Deine Notizen sollen auch dazu dienen, dir deinen Gefühlszustand klarzumachen und eine Lösung zu finden. Du lernst dadurch, dir selbst zu helfen.
Wie du bereits weißt, gelangst du jedoch nur dann zu einer Lösung, zum „Ich kann!", wenn du dich ermutigend auf positive Erfahrungen, auf deine „Ich-Kenntnisse" beziehst. Falls dir diesbezüglich zu wenig Hilfreiches einfällt, verwende das Tagebuch auch zur positiven „Selbstbeschau". Gewöhne dir an, dem Tagebuch nicht nur die Sorgen und Probleme anzuvertrauen. Mach schöne Erlebnisse, freudige Ereignisse, Situationen, in denen du dich wohl gefühlt hast, in denen du mit dir zufrieden gewesen bist, zum besonders wichtigen Inhalt deiner Aufzeichnungen. Ergänze die Notizen, indem du anführst, welchen Anteil du durch deine Persönlichkeit, durch deine Fähigkeiten und Qualitäten daran hast. Zwing dich förmlich dazu,

dass dir bei jeder Tagebucheintragung irgendetwas Positives über dich einfallen muss. Selbst wenn es dir an den Haaren herbeigezogen vorkommt, zumindest ein positiver „Ich-Bit" ist sicher zu finden.

Unterstreiche oder markiere mit auffallenden Farben all das, was du an Positivem gefunden hast. Wenn du unsicher, entmutigt, deprimiert bist, dann blättere das Tagebuch durch und lies nur die farbig hervorgehobenen Zeilen. Überdenke dein Problem. Versuche nun, aus den positiven Tagebuchnotizen zu ersehen, dass du imstande bist, das Problem in den Griff zu bekommen. Du wirst bestimmt eine Lösung finden. Dein Motto dabei ist: „Ich kann, denn ich bin ICH!"

II. KAPITEL

DIE PUBERTÄT

Die Hormone sind schuld!

Ich bin sicher, dass du schon viel über das Thema „Pubertät" gehört hast. Ich möchte daher nur die wesentlichsten Punkte dieser bedeutenden entwicklungsbedingten Krisenphase zusammenfassen.

Die Hormone bewirken, dass Mädchen zu Frauen, Jungen zu Männern reifen. Diese Hormone sind im Körper enthaltene „Befehlsstoffe", die verschiedene körperliche und seelische Vorgänge anregen, auslösen und steuern. Das heißt also, dass nicht nur die körperliche Weiterentwicklung, sondern auch das seelische Durcheinander auf das hormonelle Geschehen zurückzuführen ist. Jede körperliche Veränderung wirkt sich auch belastend auf den psychischen Zustand aus. In der Pubertät scheint manchmal richtiggehend Kriegszustand zu herrschen.

Bei Frauen ist vorwiegend das Hormon Östrogen, bei Männern das Testosteron dafür verantwortlich. Beide Hormone bewirken, dass beim Mädchen in den Eierstöcken erstmals Eizellen und beim Jungen in den Hoden Samenzellen heranreifen. Zunächst verändert sich der Körper äußerlich (im Alter von 9 bis 13 Jahren): Arme und Beine werden länger, die Wirbelsäule wächst, es sprießen die Schamhaare (ein blöder Ausdruck – es gibt hier nichts zu „schämen").

Bei den Jungen, die den Mädchen in der Entwicklung übrigens ein bis zwei Jahre nachstehen, setzt der Stimmbruch ein, der „Adamsapfel" tritt deutlicher hervor, die Muskelpakete werden besser sichtbar. Der Penis gewinnt an Stärke und scheint häufig ein Eigenleben zu entwickeln. Er erigiert, der Samenerguss wird zum wichtigen Ereignis.

Bei den Mädchen werden die Hüften breiter, die Schenkel entwickeln sich, der Po tritt prägnanter hervor, im Körper bilden sich vermehrt Fettzellen. (Werde deshalb nicht hysterisch und verfalle nicht dem Schlankheitswahn! Die neu entstandenen Rundungen bedeuten nicht, dass du nun fett wirst, sie gehören naturgemäß zum weiblichen Körper.) Die Eierstöcke, die Gebärmutter, Scheide und Schamlippen entwickeln sich.

Im Alter von 9 bis 14 Jahren beginnt sich der Busen zu entwickeln. Voll entwickelt ist die Brust frühestens mit 12, spätestens mit 17 Jahren.

Wobei all diese Altersangaben als ungefähre Richtwerte anzusehen sind. Manche Körpermerkmale entwickeln sich früher, manche später. Sei nicht besorgt, wenn du in einigen Bereichen das Gefühl hast „unterentwickelt" zu sein. Du kannst dich darauf verlassen, dass du bald mit den anderen zumindest annähernd gleichziehst. Es liegt an der Veranlagung jedes Menschen, wann und wie stark sich die geschlechtstypischen Körpermerkmale ausbilden.

Der Körper wird in dieser Zeit so rasch erwachsen, dass man dieser Entwicklung geistig und gefühlsmäßig kaum folgen kann. Es braucht einige Zeit, bis die seelische Reife mit der körperlichen im Gleichklang steht. Bis dahin läuft alles in dir noch ungeordnet bis chaotisch ab und stürzt dich in heftige Gefühlswechselbäder.

Die Regelblutung

Anna, 13 Jahre
In unserer Klasse haben schon fünf Mädchen die Regel. Als kürzlich eine sechste dazu kam, dachte ich mir, dass sie auch bei mir bald kommen müsste. Aber eine Freundin sagte:

51

„Bevor man keine Brust hat, kann man die Regel nicht bekommen." Stimmt das?

Kathi, 14 Jahre
Ich bin total verzweifelt. Ich habe noch immer nicht meine Tage! Ich wage nicht, mich jemandem aus meiner Familie anzuvertrauen. Kann es sein, dass ich sie überhaupt nicht bekomme? Wie merke ich die ersten Anzeichen dafür, dass die Regel bald kommen wird? Was kann die Regel hinauszögern? Zu wenig Gewicht vielleicht? Ich wiege nur 45 kg. Wir haben heuer in der Schule ein Päckchen mit Tampons und Binden bekommen. Die Jungs haben gleich so blöd geredet. Ich habe nicht gewusst, was ich machen soll, damit die anderen nicht erfahren, dass ich die Regel noch nicht gehabt habe. Mit wie viel Jahren muss man sie bereits haben?

Kerstin, 15 Jahre
Ich weiß nicht, was ich tun soll. Irgendetwas ist bei mir nicht in Ordnung. Obwohl ich gerade 15 geworden bin, habe ich noch immer nicht die Regel. Zwar habe ich seit ungefähr zwei Jahren diesen Ausfluss, aber nicht die Regel. Bin ich krank? Ich möchte nicht zum Arzt gehen, denn dann würden die Eltern von meinem Problem erfahren, und das will ich nicht.

Ich möchte dich in groben Zügen über die Vorgänge im weiblichen Körper informieren. Hoffentlich langweilen dich die folgenden nüchternen Angaben nicht allzu sehr.
Die erste Regelblutung ist zwischen 11 und 14 Jahren zu erwarten. (Bei starken seelischen Problemen, bei Untergewicht oder gar Magersucht kann sie ganz ausbleiben! Die Größe des Busens hat aber nichts mit dem Eintritt der Regelblutung zu tun.) Einer der Vorboten der Menstruation ist bei den meisten Mädchen der „Weißfluss". Viele glauben, sie seien krank, wenn

sie bemerken, dass aus der Scheide dieser glasigweißliche Ausfluss kommt. Er ist aber nur ein Zeichen dafür, dass die Hormonproduktion im Körper beginnt, die dann die erste Regelblutung auslöst. Ungefähr sechs bis zwölf Monate können zwischen dem Auftreten des „Weißflusses" und der ersten Blutung (meist Schmierblutung) liegen.

Die Regel macht anfänglich ihrem Namen meist keine Ehre, denn sie tritt am Beginn eher unregelmäßig auf. Abstände bis zu mehreren Monaten zwischen den ersten Perioden können durchaus normal sein. Es braucht einige Zeit, bis sich die neue zyklische Entwicklung eingespielt hat.

Ein Zyklus (die Zeitspanne von einer Blutung zur anderen) dauert ungefähr 25 bis 35 Tage. In der ersten Hälfte dieser Zeitspanne reifen in einem der beiden Eierstöcke, der insgesamt über 400.000 Eizellen enthält, mehrere winzige Eizellen heran (sie haben ungefähr die Größe eines Stecknadelkopfes). Nur eine davon setzt sich durch. In der Hülle dieser Eizelle wird das Hormon Östrogen gebildet. Es signalisiert der Gebärmutter, dass sie sich zur Aufnahme des Eies bereitmachen soll, falls es zur Befruchtung dieser Eizelle kommt. Auf dieses Signal hin wird die Schleimhaut in der Gebärmutter stärker durchblutet, sie verdickt sich, sodass sie die Innenwände schützend auspolstert. Um die Mitte des Zyklus ist das Ei reif. Die Östrogenmenge befiehlt dem Gehirn, ein Hormon (LH) zu produzieren, das den Eisprung auslöst. Diesen Prozess spürst du oft an einem leichten Ziehen im Unterleib. Das Ei wandert nun ca. drei Tage lang durch den Eileiter zur Gebärmutter. Ein weiteres Hormon (Progesteron) wird erzeugt. Falls das Ei befruchtet* worden ist, unterstützt dieses Hormon die beginnende Schwangerschaft. Kommt es zu keiner Befruchtung, geht die Produktion dieses

---

* Befruchtung: Die Eizelle trifft auf den männlichen Samen. Dieser wird in den Hoden erzeugt und durch den in die Scheide geschobenen Penis in den weiblichen Körper eingespritzt. Die befruchtete Eizelle nistet sich in der weich ausgebetteten Gebärmutter ein und das Baby wächst gut geschützt heran.

Hormons wieder zurück. 14 Tage nach dem Eisprung setzt dann die Regelblutung ein.

Was wir als Regelblutung bezeichnen, ist die unnötig gewordene, abgestoßene Schleimhautschicht der Gebärmutter (natürlich nur, wenn das Ei nicht befruchtet und somit keine Schwangerschaft gegeben ist), vermischt mit Gewebe und ein wenig Blut. Das Ganze hat eher eine bräunliche Farbe. Die Blutung kann drei bis sieben Tage dauern. Ernährung, Körpergewicht, Stress, Sport und auch seelische Faktoren spielen für das Ausmaß der Blutung eine Rolle. Einige Mädchen und Frauen leiden unter Menstruationsbeschwerden, z. B. unter Bauchkrämpfen. So schmerzhaft sie auch sein können, sie sind kein Zeichen dafür, dass du krank bist. Beim Frauenarzt kannst du gegen die Schmerzen das richtige Medikament oder die Pille verschrieben bekommen. (Die Pille wird nicht nur als Verhütungsmittel genommen, sie hilft auch, bei Menstruationsproblemen den Zyklus zu regulieren.)

Die hormonellen Vorgänge beeinflussen immer auch den Seelenzustand. Deshalb sind viele Frauen kurz vor und am Beginn der Regelblutung gereizter, empfindlicher, ungeduldiger.

Die Menstruation ist ein völlig normaler Vorgang, der bei jeder Frau früher oder später einsetzt. Sie ist daher eigentlich kein peinliches Thema. Es ist wichtig, dass du mit deiner Mutter darüber redest, die offenen Fragen an sie richtest. Ihr erging es sicher ähnlich wie dir, sodass sie als Frau dich durchaus verstehen kann. Versuche zumindest, die Informationen zuerst bei ihr einzuholen. Was kann dabei schon passieren?!

Tampons oder Binden?

Corinna, 13 Jahre
Darf man schwimmen gehen, wenn man die Regel hat und einen Tampon verwendet?

54

Maria, 13 Jahre
Stimmt das, dass man keine Jungfrau mehr ist, wenn man Tampons nimmt?

Christine, 14 Jahre
Viele in meiner Klasse schwören auf Tampons. Ich habe Angst, dass ich sie nicht so leicht aus meinem Körper wieder herausbringe. Ich habe gehört, dass das schon passiert ist.

Tampons gibt es in verschiedenen Größen, also auch für so genannte „Jungfrauen". Das „Jungfernhäutchen" (auch so ein antiquierter Ausdruck!) wird dabei nicht verletzt, denn es hat eine kleine, flexible Öffnung.

Der Tampon besteht aus einem fest gepressten Wattebausch, der in die Scheide eingeführt wird. (Der Tampon soll bis hinter den Muskel beim Scheideneingang geschoben werden. Steht er noch ein wenig heraus, dann ist das unangenehm, vor allem beim Sitzen.) Der Tampon saugt in deinem Körper das Blut auf, aber er kann nur eine bestimmte Menge davon aufnehmen. Er sollte daher ungefähr alle sechs Stunden gewechselt werden (das hängt auch von der Stärke der Blutung ab). Jeder Tampon hat einen Rückholfaden, der nach dem Einschieben aus der Scheide heraushängt. An diesem Faden ziehst du, um den Tampon herauszuholen. Das geht völlig problemlos, du brauchst also nicht zu befürchten, dass du ihn nicht gleich herausbekommst.

Anfangs ist ein Tampon oft noch schwer einzuführen, manche Mädchen haben dabei sogar Schmerzen. Häufig liegt es daran, dass man die Muskeln verkrampft statt sie locker zu lassen. Oder es liegt an der wenig feuchten Scheide. Wenn du die Spitze des Tampons mit Spucke anfeuchtest, dann rutscht er leichter.

Die Binde ist ein Streifen aus gepresster Watte, den man in den Slip einlegt. Da das Blut nun aus dem Körper austritt (anders als beim Tampon), sollte die Binde ungefähr alle drei Stunden gewechselt werden, damit sich kein Geruch entwickelt.

Ob du der Binde oder dem Tampon den Vorzug gibst, das bleibt dir überlassen. Beim Sport, vor allem beim Schwimmen, ist natürlich der Tampon unerlässlich, mit ihm brauchst du auf kein Freizeitvergnügen zu verzichten. Aber am Ende der Regelblutung sind Binden günstiger als Tampons: Wenn zu wenig Blut in der Scheide ist, saugen Tampons die Scheidenflüssigkeit auf, und in einer trockenen Scheide können sich Pilze und Bakterien leichter einnisten.

Der Besuch beim Frauenarzt

Bettina, 16 Jahre
Ich möchte mit meinem Freund schlafen. Wir beide wollen keine Kondome. Mein Freund meint, die Pille wäre echt total super. Aber ich bin viel zu feig, um zu einem Frauenarzt zu gehen. Mir ist das viel zu peinlich. Aber ohne Verhütungsmittel möchte ich nicht mit meinem Freund schlafen. Kann ich mir den Frauenarzt ersparen?

Silvia, 15 Jahre
Ich bin schon echt verzweifelt. Mit meiner Regel ist etwas nicht in Ordnung. Ich habe Angst, dass es was Schlimmes sein könnte. Aber ich habe noch mehr Angst vor einer gynäkologischen Untersuchung. Ich lasse mich nicht von Fremden „unten" betrachten, ich finde das furchtbar.

Je mehr du die Entwicklung deiner Weiblichkeit und die dazugehörige Periode als völlig natürlichen Vorgang akzeptierst, desto weniger Scheu wirst du auch haben, dich bei eventuellen

Unsicherheiten und Probleme an deine Mutter und/oder an einen Arzt zu wenden. Die Information beim Frauenarzt muss nicht gleich mit dem von fast allen Frauen ungeliebten, aber notwendigen „Übel" der gynäkologischen Untersuchung verbunden sein. Aber allzu lange darfst du diesen Schritt nicht hinauszögern, denn die Untersuchung der Geschlechtsorgane sollte jede Frau regelmäßig (ein- bis zweimal pro Jahr) über sich ergehen lassen. Wenn du aber Schmerzen im Unterbauch hast, deine Scheide juckt oder wenn sich bis zum 15. Lebensjahr die Regel nicht einstellt, solltest du auf jeden Fall so rasch wie möglich zum Frauenarzt gehen. Ein weiterer Grund ist natürlich auch, daß du die Pille verschrieben haben möchtest.

Je mehr du darüber informiert bist, wie es beim Frauenarzt zugeht, was du dabei tun musst, was er/sie an bzw. in deinem Körper untersucht, desto mehr schwindet die Angst davor. Angst macht einerseits die neue, unbekannte Situation, andererseits die Scham, sich „unten" nackt zeigen zu müssen. Niemandem ist es angenehm, seinen Intimbereich Fremden zu zeigen. Aber bedenke: Die Betrachtung der Geschlechtsorgane ist für den Arzt ein völlig neutraler Vorgang, nicht anders als die Untersuchungen, die z. B. ein Zahnarzt, Hals-Nasen-Ohren-Arzt usw. durchführt. Je öfter du dich damit auseinander setzt und die Untersuchung als einen natürlichen medizinischen Vorgang betrachtest, den ein Frauenarzt unzählige Male bei Frauen jeden Alters, bei dicken, dünnen, hässlichen, hübschen, großen und kleinen Frauen routinemäßig durchführt, desto mehr erleichterst du dir den Schritt zur ersten gynäkologischen Untersuchung. Sei nicht feig! Es ist ein Unsinn, sich gegen etwas zu sträuben, was Millionen Frauen ganz selbstverständlich alljährlich tun.

Such dir einen Arzt oder eine Ärztin aus, dem bzw. der du vertraust, z. B. weil du von deiner Mutter oder Freundin schon über ihn/sie informiert worden bist. Wie bei jedem anderen

Arztbesuch wird auch hier zuerst mit dir über den Grund des Arztbesuches gesprochen. Dann wirst du nach dem Datum deiner letzten Regelblutung gefragt und wann du die erste Periode hattest. Für die Untersuchung musst du den Slip ausziehen und auf den Gynäkologenstuhl klettern. Du nimmst dabei eine Sitz-Liegehaltung ein, mit angewinkelten, gespreizten Beinen. (Die Fersen werden in eine an den Seiten des Stuhles befindliche Vorrichtung gestellt, deren Enden Steigbügeln gleichen.) Das ist der unangenehmste Moment. Obwohl es, wie gesagt, nichts zu schämen gibt, fühlt „frau" sich doch preisgegeben. Je entspannter du auf dem Stuhl bist, desto weniger spürst du die Untersuchung.

Der Arzt stellt nun an Farbe und Beschaffenheit des äußeren Geschlechtsorgans fest, ob es gesund ist. Dann führt der Arzt einen Spiegel in die Scheide ein. Damit sieht er die Oberfläche des Gebärmutterhalses, von dem er mit einem Wattestäbchen ein wenig Gewebe entnimmt, wie auch aus dem Bereich der Scheide. Das nennt man „Abstrich". Der Abstrich dient zur Krebsvorsorge und zum Erkennen von Infektionskrankheiten. Danach tastet der Arzt durch die Bauchdecke den Zustand der Eierstöcke und der Gebärmutter ab. Das alles dauert insgesamt keine fünf Minuten! Es ist eine völlig schmerzlose, kurze Untersuchung. Spätestens jetzt wirst du erkennen, dass alles weit harmloser verlaufen ist, als du es dir vorgestellt hast.

Jungs und Mädchen im seelischen Durcheinander

Anna, 13 Jahre
In meiner Klasse werde ich von den Jungs gequält. Sie machen sich einen Spaß daraus, mich zu begrapschen. Sie lachen über mich, weil ich Pickel habe. Wenn ich mich wehre, kommen den Jungs noch andere zu Hilfe, und alle gehen auf

mich los. Es ekelt mich, in die Schule zu gehen. Mein Banknachbar gefällt mir gut. Aber er ist scheinheilig und hilft nicht zu mir. Er lacht, wenn die anderen blöd zu mir sind. Trotzdem glaube ich, dass er mich mag.

Michaela, 12 Jahre
Meine Freundin und ich hatten früher sehr viel Spaß. Doch seit ein paar Wochen lehnt sie mich ab. Ich gebe zu, dass ich nicht ganz unschuldig bin, weil ich sie vor ein paar Tagen angeschrien habe. Ich habe es bereut und geweint. Aber sie will gar nicht, dass es wie früher wird. Sie sagt, sie findet mich langweilig. Mich nimmt das alles sehr her. Was kann ich tun, damit es wieder wird wie früher?

Claudia, 13 Jahre
Früher war ich immer sehr beliebt. Doch jetzt bin ich für meine drei Freundinnen ein Außenseiter. Sie sagen, dass ich bis jetzt immer der Chef gewesen bin, dass sie sich das nicht mehr gefallen lassen wollen. Ich habe gefragt, ob sie mir eine Chance geben, mich zu ändern. Aber sie glauben nicht, dass ich das kann. Schließlich habe ich versucht, ganz nett zu ihnen zu sein. Da haben sie mir einen Brief geschrieben, in dem stand, dass ich mich nicht bei ihnen einschleimen soll und dass sie mich nicht mehr leiden können. Es ist hart ohne Freunde! Ich halte das nicht aus!

Bianca, 13 Jahre
Ich komme einfach nicht mehr mit meinen Freundinnen aus. Bis vor ein paar Monaten war zwischen uns alles o. k. Jetzt streiten wir nur. Da ich immer mit den beiden Freundinnen beisammen gewesen bin, habe ich keine anderen Freundinnen. Ich fühle mich schrecklich einsam. Ich bin schüchtern und es fällt mir schwer, auf andere zuzugehen. Auch bei Jungs fällt es mir schwer, besonders dann, wenn ich verliebt bin.

Ich habe Angst, die Jungs könnten blöd über mich reden, so wie sie es in unserer Klasse über Mädchen immer tun.

Anna, 13 Jahre
Ich bin sehr klein. Viele Jungs in meiner Klasse verarschen mich deswegen. Ich kann doch nichts dafür, dass ich klein bin! Sie sagen, dass ich operiert werden oder Spritzen bekommen müsste, damit ich wachse. Das stimmt alles gar nicht! Ich will nicht bis ans Ende meiner Schulzeit verarscht werden! Ich habe Angst, dass nie ein Junge mit mir ausgehen wird, weil ich so klein bin. Meine Freundinnen haben schon alle einen Freund. Mich verarschen sie nur. Was kann ich tun, damit die Jungs damit aufhören und damit ich auch mit einem Jungen gehen kann?

Robert, 13 Jahre
Die Mädchen in unserer Klasse sind ätzend. Immer wollen sie alles wissen, was wir tun, und mischen sich überall drein. Es geht sie gar nichts an, was wir in unserer Clique besprechen. Ich habe aber noch ein Problem. Mir gefällt ein Mädchen aus der Parallelklasse. Wenn ich sie anlächle, starrt sie immer zu Boden. Heißt das bei einem Mädchen, dass sie mich mag? Ich möchte sie das nicht fragen.

Deine einsetzende körperliche Reifung bewirkt auch eine psychische Veränderung. Das sexuelle Interesse stellt sich mehr und mehr ein, was einige Jugendliche gefühlsmäßig ganz schön durcheinander bringen kann. Der „Kampf der Geschlechter" beginnt, und das nur bedingt durch den körperlichen, hormonbestimmten „kleinen Unterschied".
In der Anfangszeit dieser Entwicklung entfremden sich Jungen und Mädchen, sie bezeichnen einander gegenseitig als „blöd". Mädchen bevorzugen den Kontakt mit ein bis höchstens drei besten Freundinnen. Die Mädchenfreundschaften sind weitaus

konfliktreicher als die Kumpelbeziehungen der Jungen. Die Freundinnen sind aufeinander eifersüchtig, jede will die beste Freundin der anderen sein. Sie reagieren besonders empfindlich, sind leicht beleidigt, hängen aneinander und plötzlich verhalten sie sich wie die ärgsten Feinde.

Jungen hingegen stellen weniger Ansprüche an die Freunde. Sie fühlen sich in Cliquen wohl, wobei in so einer Clique kaum ein Mädchen akzeptiert wird.

Die seelische Irritation, die bei der pubertären Entwicklung sowohl Mädchen wie Jungen deutlich spüren, verunsichert besonders die „Jungmänner" sehr. Es fällt den Jungen schwer, diese „Schwäche" zuzugeben. Viele von ihnen spielen sich daher besonders auf, protzen, geben sich „cool", flüchten sich in „Macho-Gehabe". Obwohl es nach außen hin nicht so scheint, reagieren Jungen in dieser Entwicklungsphase auf jede körperliche Veränderung und seelische Irritation allgemein wesentlich ängstlicher, empfindlicher, wehleidiger und unsicherer als Mädchen. Das klingt fast unglaubwürdig, wenn man von dem zur Schau gestellten „coolen" Verhalten ausgeht. Jungen haben es dadurch vielleicht noch schwerer als Mädchen, zu sich selbst zu finden. Wem es nicht gelingt, nach außen dem erwarteten Bild des lockeren, überlegenen, „cool" auftretenden jungen Mannes zu entsprechen, der fühlt sich elend. Nur nicht als „Softie", „Schüchti" oder Versager gelten, das ist die Devise. Daher kämpfen Jungen oft, allzu oft gegen ihre Sensibilität an und glauben sich beweisen zu müssen, dass sie nichts umhaut. Dadurch wirken sie derb, verletzend, frech und manchmal gefühlskalt. Natürlich zieht es sie immer mehr zu Mädchen hin. Das Interesse ist bald geweckt. Aber wie passt das Verliebtsein zum coolen Verhalten?! Wie reagiert die Freundes-Clique darauf? Die Scheu davor, Gefühle zu zeigen, führt dazu, dass sie Mädchen kalt abblitzen lassen. Anfänglich schützen sie sich vor eventuell auftretender Verlegenheit im Kontakt mit dem anderen Geschlecht, indem sie auf Mädchen herumhacken, ihnen dumme Streiche spielen. Erst nach und nach wagen sie es, die Gefühle verliebter Mädchen anzunehmen und sich selbst das Verliebtsein zu gestatten. Das ist ganz schön anstrengend.

Mädchen haben es da in gewisser Weise leichter, weil sie keine so große Scheu davor haben, Gefühle zu zeigen. Aber dennoch haben auch sie mit ihrem Innenleben erheblich zu kämpfen. Es genügt ein geringfügiger Anlass, um von einem Gefühl ins konträre Empfinden zu kippen. Sie erleben die Gefühle so intensiv, dass sie leicht in Verzweiflung und bald wieder in einen Glücksrausch geraten. Jungen verunsichern die intensiven Gefühle und Gefühlsschwankungen der Mädchen sehr, sie sind durch den Gefühlsschwall meist überfordert und ziehen sich oft auch deshalb zurück. Die Pubertät ist also eine nicht nur für den Körper und die Seele belastende Entwicklungsphase, sie erschwert auch noch die Begegnung der beiden Geschlechter. Das meiste ist aber zum Glück bei Mädchen mit 16, bei Jungen mit 17 oder 18 Jahren durchgestanden!

Ich weiß, das ist für dich ein schwacher, eher überhaupt kein Trost, wenn du gerade mit dir, mit deinem Selbstbild, mit Unsicherheit, mit Freundschaften und Beziehungen, mit Eltern und Lehrern zu kämpfen hast; wenn du nicht weißt, wie und wo du einzuordnen bist, welchen Stellenwert du bei diesen und jenen Menschen einnimmst, wie du mit den Stimmungen umgehen sollst, wie du mit den Problemen, mit der allfälligen Einsamkeit zurechtkommen kannst.

Ich will deine Nöte keinesfalls leichtfertig mit „typisch Pubertät" abtun. In Kapitel I, „Das Selbstwertgefühl", hast du schon einiges darüber erfahren, wie du dein „Ich-kann"-Gefühl stärken kannst. Im nächsten Kapitel möchte ich nun ganz konkret auf die Probleme und Schwierigkeiten eingehen, die sich ergeben, wenn du einen Jungen oder ein Mädchen kennen lernst, dem du mehr als nur freundschaftliche Gefühle entgegenbringst.

III. KAPITEL

DAS ANDERE GESCHLECHT

Die Scheu vor dem Ansprechen

Martina, 14 Jahre
Ich bin sehr schüchtern. Wenn ich einen Jungen sehe, der mir gefällt, traue ich mich nicht, ihn als erste anzusprechen. Ich habe Angst, dass er was Blödes sagen könnte. Dann bin ich am Boden zerstört und fühle mich wie ein Haufen Dreck. Mit Jungen (Kumpeln!) verstehe ich mich zwar sehr gut. Ich weiß aber nicht, wie ich ihnen imponieren kann, wie ich mich mit ihnen unterhalten soll.
Ich bin schrecklich in einen Jungen aus unserer Schule verliebt. Natürlich traue ich mich nicht, ihm das zu sagen. Wenn er „Nein" sagt, dann lacht die ganze Schule über mich. Meine Freundinnen schmusen mit Jungs herum. Ich stehe nur da und schaue zu. Ich fühle mich allein gelassen.

Christoph, 14 Jahre
Ich habe ein Problem. Wie baggert man Mädchen an? Ich weiß überhaupt nicht, wie man mit einem Mädchen eine Beziehung beginnt. Ich weiß auch nicht, wie ich mich vor einem Mädchen verhalten soll. Wie kann man ein Mädchen als Freundin bekommen?

Stefanie, 15 Jahre
Seit einem guten Jahr bin ich in einen Jungen aus der Parallelklasse verliebt, aber ich traue mich nicht, es ihm zu sagen. Ich weiß nicht, ob er mich mag. Bei den Schulausflügen ist er immer in meiner Nähe. Er spricht kein Wort, aber

63

er hält Blickkontakt mit mir. Wenn ich ihn zu lange anschaue, wird er verlegen und blickt zu Boden. Sein Hobby ist Schlagzeugspielen. Ich glaube, er interessiert sich nur dafür. Ich verstehe davon nichts. Ich traue mich nicht, mit ihm zu sprechen, denn ich könnte mit ihm nichts reden, was ihn interessiert.

Andreas, 16 Jahre
Ich kenne ein Mädchen, das sehr schüchtern ist. Sie ist erst 13 Jahre alt. Ich habe mich in sie verliebt. Ich trau mich nicht, ihr das zu sagen, ich weiß nicht, wie ich ihr das beibringen soll. Ich habe Angst, sie könnte was dagegen haben, da sie viel jünger als ich ist.

„Ich trau mich nicht sie/ihn anzusprechen." – „Ich habe Angst, er/sie könnte mich ablehnen." – „Ich weiß nicht, ob er/sie mich überhaupt mag." – „Ich habe Angst, die anderen in der Klasse könnten mich auslachen." Das sind die meistverbreiteten Bedenken von schüchternen Jungen und Mädchen.

Diese scheuen Gedanken sind aber nicht nur den „Schüchtis" vorbehalten. Fast alle verspüren solche und ähnliche Unsicherheiten mehr oder minder stark, wenn sie einen Jungen/ein Mädchen für sich gewinnen möchten.

Je bedeutender eine Situation für dich ist, je weniger Erfahrung du damit hast, umso heftiger blinken deine „inneren Warnlampen", die dich zur Vorsicht mahnen. Das ist ein völlig normaler und auch sinnvoller Vorgang. Er hilft dir, dich und die noch unbekannte Situation zu überprüfen, mit Bedacht vorzugehen. Nur selbstherrlichen, distanzlosen Menschen fehlt dieses „Warnsystem", sie preschen einfach vor, nach dem Motto: „Wer sich nicht anbaggern lässt, ist selber schuld!"

Lass dich jedoch von diesem Verhalten nicht blenden. Nicht bei jedem, der sich so zeigt, handelt es sich auch um einen Egozentriker oder, im positiven Sinn, um einen äußerst selbstsicheren, erfahrenen Menschen. Besonders Jungen neigen dazu, ihre Scheu zu überspielen und sich als „ganze Kerle" zu geben, damit nur ja niemand denkt, sie seien „Schüchtis" oder „Softies". (Die Psychologen nennen das krasse Überspielen von Unsicherheit und Schwäche „Kompensieren".)

Denn es besteht die Gefahr, dass du dich von der „Verpakkung" des anderen täuschen lässt. Falls du auf distanzlose, präpotente oder total selbstsicher scheinende Weise angesprochen wirst, lass dich davon nicht gleich beeinflussen. Sag ihm/ihr offen, welchen Eindruck er/sie mit solchen Sprüchen auf dich macht. Du brauchst dabei nicht zu befürchten, dass du dich blamierst. Die klare Information darüber, wie er/sie auf dich durch dieses oder jenes Verhalten wirkt, hilft euch beiden, Missverständnisse zu klären, euch schneller und besser kennen zu lernen.

Falls ein weiterer Kontakt zwischen euch entstehen soll, beobachte auch, wie er/sie sich in anderen Situationen bzw. Freunden gegenüber zeigt. Es ist nicht leicht, das echte „Sein" hinter einem vordergründigen Verhalten zu entdecken. Wer cool, süß, schüchtern oder blöd wirkt, muss noch lange nicht so sein! Überprüfe deinen ersten Eindruck!

Wie gesagt, es ist völlig normal, vor dem ersten Ansprechen ein paar Befürchtungen zu haben. Schließlich geht es um etwas Wichtiges. Du fühlst dich zu dem Jungen/Mädchen hingezogen, hast dich vielleicht bereits verliebt. Eine Vielzahl von Gefühlen verwirrt und blockiert dich mehr oder minder stark: Du hast Angst, du könntest verletzt, missachtet werden oder dich blamieren, dich bloßstellen. Du möchtest natürlich gut ankommen. Außerdem wünscht sich jeder in so einer Situation, dass der andere die Gefühle erwidert. Auch wenn man noch so selbstsicher ist, niemand will enttäuscht werden. Es tut immer weh, abgelehnt zu werden.

Welche Bedeutung du dem Abgewiesenwerden gibst, hängt von deinem Selbstwertgefühl und deiner Einstellung ab. Wenn du selbst von dir wenig hältst, wirst du auch Mühe haben zu glauben, dass du auf andere gut wirken könntest. Du bist dann überzeugt, dass der andere durch sein „Nein" ausdrückt, dass er dich unattraktiv, langweilig, uninteressant findet. Wenn du zu schüchtern oder komplexbeladen bist, erwartest du bereits von vornherein eine Reaktion, die dich in deiner negativen Einstellung bestätigt. Die Hemmungen beeinflussen dein Auftreten ungünstig, und so gewinnt der andere vermutlich einen falschen Eindruck von dir. Gerade das aber möchtest du verhindern. Deshalb bist du noch mehr verunsichert. Unter diesen Umständen kommst du nie zum Zug und verpasst vielleicht die Gelegenheit, eine schöne Freundschaft zu beginnen.

Ich kann dir keinen Zaubertrank brauen, der für dich das Problem des Ansprechens löst. Du musst schon selbst den Sprung ins kalte Wasser wagen. Aber ich möchte dir einige Tipps geben, wie du dir selbst helfen und die Scheu überwinden lernst:

Denk darüber nach, was du an der anderen Person gemerkt hast, beobachte, wie sie sich da und dort verhält. Versuche zu ergründen, was das über sie aussagen könnte.

Dann überdenke die Gründe, warum du sie ansprechen willst: „Er/sie gefällt mir, weil . . .", „Das und das mag ich an ihm/ihr, weil . . ."

Wenn diese Überlegungen dir zeigen, dass es dir wirklich sehr, sehr wichtig ist, mit dieser Person in Kontakt zu kommen, dann vergegenwärtige dir all das, was dich daran hindert, ihn/sie anzusprechen: „Er/sie könnte von mir glauben, dass ich . . .", „Er/sie könnte blöd reagieren, sich über mich lustig machen" usw.

Und nun das Wichtigste: Du musst dich auf dein Selbstwertgefühl beziehen:

1. „Bin ich ein unsympathischer Idiot? Bin ich ein mieser Typ? Bin ich abstoßend, eklig? Höchstwahrscheinlich nicht!"

2. „Warum könnte man mich mögen, mich nett finden? Was

weiß ich von mir, wie bin ich als Freund? Was bin ich imstande, für eine Freundschaft zu tun?" – „Ich bin demnach (und hier zählst du alles auf, was du an dir gut findest) also in vielen Punkten positiv!"

Jetzt, da du davon ausgehen kannst, dass du im Großen und Ganzen okay bist, versuche die befürchteten Reaktionen des anderen zu zerpflücken. Finde heraus, welche Persönlichkeit und/oder welcher Beweggrund hinter solchen negativen Reaktionen stehen könnte:

- Die blöde Bemerkung kann bedeuten, dass du dem anderen nicht gefällst. (Geschmäcker sind nun mal verschieden. Dir gefällt auch nicht jede Person gleich auf Anhieb, das muss aber kein immer und allgemein gültiges Werturteil sein.) Sie kann auch bedeuten, dass er/sie noch nicht bereit ist, eine Beziehung einzugehen. Aber warum drückt er/sie das so taktlos aus? Es ist anzunehmen, dass diese Person kein Feingefühl hat, selbstherrlich oder derb ist. Es ist aber auch möglich, dass sie aus Verlegenheit so grob reagiert, oder weil sie befürchtet, von dir verarscht zu werden.

- Wenn er/sie dir ausweicht, kann das bedeuten, dass du ihm/ihr zwar gefällst, aber er/sie bereits in jemanden anderen verliebt ist. Oder er/sie hat das Ende der letzten Beziehung noch nicht verkraftet und befürchtet eventuell neuerlich enttäuscht zu werden. Oder er/sie ist gerade nicht gut gelaunt, da er/sie etwas Trauriges erlebt, eine unangenehme, belastende Situation vor sich hat, unter Zahnschmerzen, Bauchweh oder sonstigen Beschwerden leidet. Oder sie besagt, dass er/sie Angst vor Spötteleien der Freunde, der Mitschüler hat, wenn sich zwischen euch eine Beziehung anbahnen sollte. Das wiederum könnte darauf hinweisen, dass er/sie zu feig ist, um das „Nein" zu begründen. Es könnte auch dafür sprechen, dass er/sie nur schüchtern oder unsicher ist.

Bei allen möglichen und unmöglichen Reaktionen können also ganz verschiedene Motive und Persönlichkeitsmerkmale dahinter stecken, die sich gar nicht wirklich gegen dich richten müssen. Der Grund für ablehnendes Verhalten liegt weitaus häufiger an und in dem/der Betreffenden selbst, unabhängig von deiner Person.

Um herauszufinden, was annähernd zutrifft, stellst du nun die bislang gemachten Beobachtungen über diese Person den verschiedenen Interpretationsmöglichkeiten ihrer Reaktion gegenüber. Vergleiche sie Punkt für Punkt und verwirf jene, die im jeweiligen Zusammenhang am ehesten unlogisch erscheinen. Zum Beispiel: Wenn du beobachtet hast, dass er/sie dir immer nachschaut, mit dir aber nie zu lange Augenkontakt hält, dann kannst du annehmen, dass sehr wohl Interesse an dir besteht, weiters, dass er/sie vermutlich kein selbstherrlicher, kein oberflächlicher Typ ist. Wenn du gesehen hast, dass er/sie immer mit einer Clique zusammen ist, dann wäre das befürchtete „Nein" damit zu begründen, dass er/sie sich abhängig von der Meinung der Freunde macht, also feig oder schwach ist.

Zuallerletzt sollst du dich motivieren. Du musst ihn/sie nicht ansprechen, aber du *willst!* Leg in die Waagschale, was du dabei verlieren und was du gewinnen kannst. Hab keine Angst davor, der wirklichen Situation ins Auge zu blicken! Vergrabe dich nicht in Befürchtungen, von denen du nicht einmal weißt, ob sie eintreten werden. Wenn du dich, wie oben beschrieben, geistig und seelisch auf alle Möglichkeiten einstellst, dann gehst du kein Risiko ein, blamiert oder verletzt zu werden. Schaffst du es aber nicht, deine Scheu zu überwinden, dann nimmst du dir jede Chance. Gib dir den Ruck und sprich ihn/sie an. Vielleicht geht es ihm/ihr nicht anders als dir! Auch er/sie spielt vielleicht schon lange mit dem Gedanken, dich anzusprechen, befürchtet jedoch ebenso grundlos, sich dabei zu blamieren.

Du siehst nach all dem: Es gibt keinen triftigen Grund, keine Ausrede mehr für feiges Kneifen. Mach *du* den ersten Schritt!

„Nur Kumpel"

Doris, 14 Jahre
In meiner Klasse bin ich bei den Jungs sehr beliebt, doch alle betrachten mich nur als Kumpel. Ich habe einen Jungen, in den ich mich verliebt habe, gefragt, ob er mit mir gehen will. Doch er hat mir klargemacht, dass er mich nett findet, mehr aber nicht. Alle in meiner Klasse haben schon einen festen Freund. Ich komme mir total unattraktiv vor, obwohl ich nicht hässlich bin und eine gute Figur habe. Was soll ich tun, um nicht nur der Kumpel zu sein?

Stefanie, 16 Jahre
Ich habe mich tierisch verliebt. Er ist in derselben Tanzgruppe und wir verstehen uns super. Wir haben viel Spaß zusammen. Aber er will einfach nur mein guter Freund sein und das reicht mir nicht. Ich weiß nicht, was ich machen soll. Da verknallt man sich in einen Typen, dass man nicht mehr richtig schlafen kann, er macht Komplimente, sagt: „Schatzi", „Mausi" und dann will er nur mein Kumpel sein!

Doris, 15 Jahre
Ich habe ein ganz unangenehmes Problem. In meiner Clique ist ein Junge, mit dem ich mich gut verstehe, dem ich auch vertraue. Wir reden über alles, auch über Liebe. Ich hatte einmal schon ein komisches Gefühl, dass etwas nicht stimmte. Jetzt hat es sich bestätigt: Er ist in mich verliebt! Ich weiß nicht, wie ich mich verhalten soll, um ihm keine Hoffnung zu machen. Ich will ihn unbedingt als Freund behalten. Wie gehe ich aber vor, ohne ihn zu verletzen? Er ist echt nett und er gefällt mir gut. Aber ich will keine Beziehung mit ihm.

Philipp, 14 Jahre
Meine Freundin und ich, wir sind schon seit der Volksschule

befreundet. Die Freundschaft hat bis ins Gymnasium gehalten. Jetzt habe ich mich in sie verliebt. Seither erfindet sie immer dümmere Ausreden, um mich nicht treffen zu müssen. Ich habe beschlossen, mich nicht mehr zu rühren, soll sie doch anrufen. Aber sie meldet sich nicht. Warum ist sie plötzlich so abweisend?

Es tut sehr weh, abgewiesen zu werden. Aber es schmerzt oft noch viel mehr, wenn man von dem Menschen eine Abfuhr bekommt, mit dem man so lange befreundet gewesen ist.

Eine gute Freundschaft bedeutet einander zu schätzen, zu mögen, einander zu verstehen, zu vertrauen, zueinander zu passen und gleiche Interessen zu haben. Das ist die beste Grundlage für eine echte Liebe. Es wäre jedem anzuraten, sich nicht Hals über Kopf in eine Beziehung hineinzustürzen, sondern sich Zeit zu lassen, damit die Gefühle gedeihen können. Wenn man einander nicht gut genug kennt, steht das Verliebtsein auf sehr wackeligen Beinen, die leicht einknicken, wenn sie belastet werden. Plötzliche Verliebtheit ist wie ein Strohfeuer, das genauso schnell wieder erlöschen kann. Für eine längere Beziehung ist also die gute Freundschaft unerlässlich. Du hast nichts davon, schadest dir nur selbst, wenn du einem so genannten „tollen Typ" nachrennst und dabei nicht ernst genommen, nicht geschätzt wirst. Der „tolle Typ" kann für dich nur dann ein solcher sein, wenn der Junge bzw. das Mädchen auf dich eingeht und tiefe Gefühle für dich entwickelt.

Recht schön, recht gut. Nehmen wir an, du hast dich ohnehin nicht in irgendeinen Typ verliebt, sondern in deinen besten Kumpel. Aber gerade da beginnt das Problem. Der gute Freund, die gute Freundin erfüllt all das, was für eine engere Beziehung wichtig ist. Das Vertrautsein, das gegenseitige Verständnis hat tiefere Gefühle aufkeimen lassen. Das verändert automatisch dein Verhalten. Du siehst „den Kumpel" plötzlich mit anderen Augen und erwartest von ihm naturgemäß eine ähnliche Wandlung.

Der beste Freund, die beste Freundin jedoch ist möglicherweise entweder noch nicht so weit oder es fehlen die erotischen Impulse, der Reiz des Neuen. Gegen deine Gefühle kannst du nichts machen, genauso wenig wie der Freund bzw. die Freundin sich das Verliebtsein befehlen kann. Ihr seid beide in einer schwierigen Situation, mit der keiner so richtig umzugehen versteht. Wenn du den anderen mit Gefühlen bedrängst, dann muss er/sie sich schützen und von dir fern halten. Auf diese Weise bleibt von eurer wertvollen Freundschaft kaum mehr etwas übrig.

Dennoch brauchst du die veränderten und vertieften Gefühle nicht geheim zu halten. Es ist besser, du sprichst mit ihm/ihr darüber, als er/sie erfährt es von anderen. Sag ganz einfach nur, was du empfindest, ohne zu drängen. Gefühle kannst und darfst du nicht erzwingen! Gib ihm/ihr zu verstehen, dass es nicht deine Absicht ist (so sehr du dir auch erwiderte Gefühle dieser Art wünschen würdest), ihn/sie deshalb zur Gegenliebe zu nötigen.

Zeig dich weiterhin locker und kumpelhaft, so schwer es dir auch fallen mag. Es muss dir klar sein, dass eure Freundschaft ab nun nicht mehr ungezwungen sein kann. Es hängt nun vor allem davon ab, wie sehr es dir gelingt, dich zurückzuhalten, ob eure weitere Freundschaft von Dauer ist. Gelingt es dir nicht, bringst du den anderen in eine peinliche Lage, aus der er/sie flüchten muss. So verlierst du die kleine Chance, dass sich beim anderen doch noch mehr als „nur" freundschaftliche Gefühle einstellen.

Ich weiß, dass da viel von dir verlangt wird. Es gehört unheimlich viel Kraft dazu, mit jemandem zusammen zu sein, der nicht auf der gleichen Gefühlsebene steht. Du entscheidest: Entweder die Freundschaft verlieren oder Gefühle im Zaum halten!

Liebesprobleme, Liebeskummer:
„Er/sie mag mich nicht!"

Werner, 17 Jahre
Vor drei Jahren verliebte ich mich zum ersten Mal. Das Problem war, dass es ihr nicht genauso ging. Es war wirklich schlimm für mich. Ich konnte nichts gegen meine Gefühle tun. Als ich das endlich verkraftet hatte, interessierte ich mich für ein Mädchen in unserer Klasse. Ich verabredete mich mit ihr und ich war froh, dass sie zusagte. Wir hatten es sehr lustig. Ich wollte nicht gleich mit ihr schlafen. Daher redeten wir nur und hatten Spaß. Ich dachte, es hätte wirklich hingehauen. Doch einige Tage später wollte sie nicht mehr mit mir reden. Durch eine ihrer Freundinnen habe ich jetzt erfahren, dass sie zu ihr gesagt hat, ich sei ein „Vollidiot". Hätte ich mit ihr schmusen oder schlafen müssen, statt nur zu reden?

Cornelia, 13 Jahre
Ich bin in einen ganz süßen Jungen in meiner Klasse verliebt. Er ist echt total süß! Er ist echt immer sehr nett zu mir. Manchmal neckt er mich, weil er weiß, dass ich ihn dann auch necke. Einmal hat er sogar gesagt, dass er mich mag. Seine Freunde haben mich gefragt, ob ich in ihn verliebt bin. Ich habe sofort „Nein! So ein Blödsinn!" gesagt, denn ich will nicht, dass er es erfährt. Jetzt interessiert er sich für meine Freundin. Ich glaube, er mag mich gar nicht. Ich bin total verzweifelt.

Gerald, 16 Jahre
Ich verliebte mich in ein Mädchen aus unserer Schule. In der Pause gab sie mir einen Klaps auf den Po und lächelte mich an. Es durchfuhr mich wie ein Blitz. Drei Monate vorher ging sie aber mit Fredi, was mir egal war. Jetzt

verbreitet Fredi das Gerücht, dass ich mit Laura gehe. Sie schrieb die Hausübungen noch von mir ab, aber dann sah ich, dass sie und Willi sich küssten. Will sie sich nur rächen, weil sie glaubt, dass ich mit Laura gehe? Übrigens, Laura beginnt sich für mich zu interessieren. Sie gefällt mir auch.

Bettina, 13 Jahre
Ich liebe einen 16-jährigen Jungen, der mich nicht leiden kann. Ich liebe ihn, seit ich zwölf Jahre alt gewesen bin. Ich fragte ihn, ob er mit mir gehen möchte, und er sagte nein. Ich hatte versucht, mich umzubringen, aber meine Freundin hielt mich davon ab. Ich verstehe, dass es nichts bringt, einem Jungen nachzulaufen. Aber ich liebe ihn noch immer. Ich weiß nicht, wie ich sein Herz im Sturm erobern soll, ohne dass ich ihm auf die Nerven gehe. Das Problem ist, dass er mich nicht ausstehen kann. Ich habe schon versucht ihn zu vergessen, aber ohne Erfolg.

Zu lieben und nicht geliebt zu werden, das gehört zu den schlimmsten seelischen Schmerzen. In der Zeit des Leidens gibt es keinen Trost. Du kennst sicher all die gut gemeinten, aber so gar nicht hilfreichen Kommentare, wie: „Ihr passt eben nicht zusammen." – „Er/sie verdient dich nicht, wenn er/sie dich nicht zu schätzen weiß." – „Jeder macht das mehrmals in seinem Leben mit, das gehört nun mal dazu." – „Du wirst später darüber lachen. Andere Mütter haben auch schöne Kinder!" – „Du wirst sicher bald jemanden finden, der dich lieben wird." – „Mit ihm/ihr hättest du ohnehin nie glücklich werden können." – „Die Zeit heilt alle Wunden, bald hast du ihn/sie vergessen. Steigere dich nicht so hinein!"
Statt dich zu trösten, führen solche Kommentare nur dazu, dass du dich noch einsamer in deinem Schmerz fühlst. Deine Situation scheint dir unerträglich, das Leben sinnlos, nichts interessiert dich, du kannst dich auf nichts konzentrieren. Du

versuchst vielleicht dich abzulenken, aber das gelingt dir höchstens für kurze Zeit, der Liebeskummer beherrscht dich. Das Einzige, das dir helfen würde, wäre ein Hoffnungsschimmer, ein Strohhalm, an den du dich klammern könntest, um doch noch durch irgendeine Aktion, Intervention oder ein Wunder die Liebe des anderen zu erringen. Ohne die klitzekleinste Hoffnung auf Gegenliebe glaubst du verzweifeln zu müssen. Daher akzeptierst du nur Zuspruch, der diese Hoffnung nährt. Alle anderen Trostversuche lehnst du von vornherein ab, weil es für dich in dieser Situation nur einen einzigen Trostspender gibt: ihn/sie zu gewinnen.

Da dir bei Liebeskummer kein Außenstehender helfen kann, musst du zur Selbsthilfe greifen. Ein schwieriges Unterfangen, da sich jeder in dieser Situation schwach und blockiert fühlt. Du musst selbst entscheiden, ob du dich vom Kummer ersticken lassen willst, dich einbetonieren, vor allen und jedem für immer verschließen willst; ob du als übertriebener, selbstmitleidiger Gefühlsdusel gelten und dich zu deinem ohnehin schon großen Unglück noch selbst bestrafen möchtest. Wenn der Trauerzustand zu lange dauert, dann erhältst du kein Mitleid, kein Verständnis mehr von anderen. Wenn die Person, um derentwegen du im Liebeskummer steckst, davon erfährt, ist sie sicher weder gerührt noch beeindruckt von deiner großen Liebe. Sie wird sich nur darin bestätigt fühlen, dass es gut war, sich von so einem labilen Menschen fern gehalten zu haben. Entscheide also, ob du nicht doch alle dir noch verbliebenen Kräfte aufbringen möchtest, um nach und nach den Liebeskummer zu überwinden.

Oft kommt zur Kränkung des Abgewiesenwerdens noch der Schmerz dazu, dass der andere die Abfuhr mit abwertenden, tief verletzenden Worten begründet. Er bezeichnet dich als zu langweilig, zu hässlich, zu dick, zu blöd. Durch deine Liebe bist du besonders leicht zu verunsichern und nimmst alles, was von der geliebten Person kommt, nur allzu ernst. Du nimmst die Abwertung für bare Münze und zweifelst total an dir, an deiner Wirkung auf das andere Geschlecht. Der ohnehin schon kaum erträgliche Liebeskummer wird noch durch den Schmerz selbstvernichtender Gedanken und durch Hoffnungslosigkeit ergänzt. Du erkennst in diesem Zustand nicht, dass solche harten Aussagen nur das Zeichen eines miesen Charakters sind, dass der Betreffende zu feig ist, sich mit deinen Gefühlen und mit dir auseinander zu setzen, dass er mit solchen Attacken nur verbirgt, dass er keine Begründung für sein Nein findet und sich durch brutales Abblocken schützen möchte. Präge dir ein: Wer sich so verletzend äußert, der spricht kein objektives Urteil über dich, er reagiert nicht gegen *dich* als Person. Er reagiert so derb aufgrund seiner schwachen Persönlichkeit, die durch Eigenschaften wie Überheblichkeit, Gefühlsarmut, Oberflächlichkeit und Kontaktscheu zu diesem Verhalten führen. Liebst du wirklich solch einen Menschen?!

Wie du dir selber helfen kannst

Der Liebeskummer bringt verschiedene Reaktionen hervor: Bist du eher ein unsicherer, depressiver Mensch, dann ziehst du dich ganz zurück, stellst dich und alles in deinem Leben in Frage. Du baust eine Mauer der Traurigkeit um dich auf und denkst, dass dein Leben jeden Sinn verloren hat. Vielleicht gehst du sogar so weit zu glauben, dass deine Grundeinstellung durch die Ablehnung nur bestätigt worden ist: „Mich kann man nicht lieben! Mich wird nie jemand lieben!" Vergraben in deinem Depressions-Verlies nimmst du dir jede Chance, dich als liebenswert zu erkennen, dich zu öffnen und dadurch den anderen die Möglichkeit zu geben, dich so erleben zu dürfen, wie du wirklich bist. Du kennst das Sprichwort: „Wer sich selbst nicht liebt, kann nicht erwarten, geliebt zu werden!" Damit ist natürlich nicht gemeint, dass du egozentrisch sein und dich überheblich in Selbstliebe ergehen sollst. Es geht wieder nur um die Selbstakzeptanz, um die daraus entstehende positive Ausstrahlung, um das unkomplizierte, lockere Auftreten. Nur mit einem gefestigten Selbstwertgefühl gelingt es dir, an dich und deine Wirkung auf andere zu glauben, dich offen zu geben und somit mehr Sympathien zu gewinnen.

Natürlich leidet auch ein selbstbewusster Mensch unter Liebeskummer, an diesem Seelenschmerz führt kein Weg vorbei. Aber die berechtigte Hoffnung auf eine schönere Lebensphase keimt schneller auf und lässt das ermutigende Denken an eine neue, erfolgreichere Beziehung zu. Du bist dann nicht mehr dem derzeitigen Elend ausgeliefert, das dir im ersten Schock der Enttäuschung ausweglos schien.

Aber wie kann es gelingen, dich für eine neue Beziehung zu öffnen, wie bahnst du dir den Weg zur richtigen Selbstermutigung, wenn du verzweifelt und auf die bestimmte Person noch total fixiert bist? Vorerst einmal musst du von deinem noch bestehenden Kummer ausgehen. Nimm deine Gefühle ernst, spuck sie aus (gedanklich oder schriftlich im Tagebuch), schrei sie förmlich heraus. Es ist klar, dass dir die Enttäuschung weh tut! Steh zu deiner Kränkung, aber steigere dich nicht durch Selbstmitleid oder Gefühle der Ausweglosigkeit hinein. Danach konzentriere dich auf all das, was an dir liebenswert, sympathisch, anziehend ist, was dir bestätigt, dass du als Freund für andere ein Gewinn sein kannst. Danach überlege dir genau, was du brauchst, um in einer Beziehung glücklich zu sein. Reicht es dir, wenn er/sie ein süßer oder cooler Typ ist? Es ist klar, dass solche Menschen anziehend wirken, dass dich süßes oder cooles Auftreten beeindruckt und spontane Zuneigung erzeugt, die sich schnell in Verliebtsein umwandeln kann.

In so einer Situation ist es schwierig, sich einzubremsen und die für eine Beziehung wirklich wichtigen Fragen zu stellen: „Was kann der Typ *mir* bieten? Ist er imstande, *mich* glücklich zu machen, auf *mich* einzugehen, *meine* Liebe zu schätzen? Weiß er mit meiner Liebe etwas anzufangen? Welche Ansichten und Interessen hat er? Passen seine Art und seine Einstellung zu mir? Kann er meinen Bedürfnissen wirklich weitgehend gerecht werden? Ist er offen für andere oder egozentrisch?" All diese wichtigen Überlegungen sind im Sturm der Begeisterung kaum möglich.

Dennoch sind gerade diese Fragen ausschlaggebend. Versuche daher in halbwegs „nüchternen" Momenten den „gesunden Egoismus" zu aktivieren. (Das bedeutet hier: „Ich habe das Recht, glücklich in einer Beziehung zu sein! Ich kann aber nur unter gewissen Bedingungen glücklich werden, die auch der andere erfüllen muss.") Betrachte kritisch, ob er/sie deinen Ansprüchen überhaupt entsprechen kann oder gekonnt hätte. Sei dein eigener bester Freund und mach dir klar, dass du weder vom süßesten noch vom coolsten Typen etwas hast, wenn dieser nicht zu dir passt, dich nicht wichtig genug nehmen kann, dich nicht erlebt, wie du es verdienen würdest.

Bombardiere dich immer wieder mit diesen berechtigten egoistischen Überlegungen, bis das gesunde Selbstwertgefühl die Oberhand gewinnt. Rechne nicht damit, dass deshalb der Liebeskummer sofort verfliegt. Wenn du ihn/sie wirklich liebst, dann dauert es natürlich einige Zeit, bis die Enttäuschung, der Seelenschmerz nachlässt. Wie gesagt, es gibt keinen Trost in solch einer Situation, aber dennoch kannst du dich nach und nach von deiner Fixierung lösen und mit Recht Hoffnung schöpfen, dass du wieder jemanden kennen lernen wirst, mit dem du eine glückliche Liebe erleben darfst. Du weißt ja bereits, dass du als Freund genug zu bieten hast, und das wird die richtige, zu dir passende Person bald erkennen! Jetzt darfst du nochmals die Enttäuschung, den Liebeskummer beklagen. Es ist nun mal furchtbar traurig, wenn man nicht geliebt wird, daran gibt es nichts zu beschönigen. Aber es ist auch möglich, mit Hilfe der oben genannten Überlegungen, nach und nach zu erkennen, dass damit nicht alles zu Ende ist, dass du, wenn du an dich glaubst, immer wieder einen neuen, besseren Anfang finden wirst.

Nachlaufen bringt nichts

Bei manchen äußert sich Liebeskummer auch in der Art, dass er/sie beharrlich alles versucht, um den anderen doch noch herumzukriegen. Wenn du zu diesem Typ zählst, dann wirst du in etwa so reagieren: Du nimmst die Ablehnung nicht still leidend hin. Du kämpfst, akzeptierst nicht so schnell das endgültige „Nein". Du bombardierst den anderen mit teils anonymen Anrufen, schreibst ihm und lässt ihm Botschaften zukommen. Du schickst Freunde als „Detektive" aus, um durch sie intime Informationen zu erhalten, oder du setzt sie als Vermittler, als Fürsprecher ein. Aus Verzweiflung insistierst du, bedrängst, klammerst, ungeachtet dessen, was der andere empfindet. Nur dein Wunsch, dein Gefühl zählt. Du verzettelst dich in unzähligen Aktionen, um das vermeintliche Glück zu erzwingen. Du bist besessen von dem Gedanken: „Ich muss ihn/sie haben!" Du lebst den Schmerz aus.

Diese Art, mit dem Liebeskummer umzugehen, ist zwar der gesündere Weg, aber auch er führt keineswegs zum Erfolg. Der als „Liebesopfer" Auserwählte muss sich dagegen wehren, er fühlt sich bedrängt und erlebt dich vereinnahmend, lästig, klebrig. Vor lauter Abwehr kann er gar keine Sympathien für dich entstehen lassen. Er stellt sich schon allein deshalb gegen dich, weil du dich über ihn hinwegsetzt und sein Nein zu einer Beziehung mit dir ignorierst. Seine Motive, seine Interessen und Bedürfnisse werden von dir nicht zur Kenntnis genommen, also missachtet. Das Insistieren, das Nachlaufen wird daher nicht als Liebe empfunden, sondern als Besitzanspruch!

Es ist schon in Ordnung, die Ablehnung nicht gleich als endgültig zu akzeptieren. Du weißt ja nicht sogleich, wie ernst das Nein gemeint ist, welche Motive dahinter stecken. Da es schließlich um etwas so Wichtiges wie deine Liebe geht, kannst du ruhig noch einmal einen Vorstoß wagen. Du darfst dabei aber nicht penetrant vorgehen. Du musst versuchen, die Wünsche und Bedürfnisse des anderen zu erkennen und sie respektieren (auch dann, wenn sie den deinen entgegengesetzt sind). Es muss dir klar sein, dass du nichts, was mit Gefühlen zu tun hat, erzwingen kannst: Aus einem erzwungenen Kontakt kannst du zwar ein kurzfristiges Siegesgefühl schöpfen, aber nicht die ersehnte Liebe gewinnen.

Du darfst nach der Ablehnung nochmals die Initiative ergreifen, aber ohne den Eindruck zu erwecken, dass du ihm/ihr nachläufst. Überschütte den anderen nicht mit Gefühlen, wenn er nicht ebenso empfindet, denn dann wirkt so ein Gefühlsschwall erstickend, verunsichernd oder überfordernd. Die Schutzreaktion ist der totale Rückzug. Wenn du insistierst und dem anderen immer wieder nachstellst, wirst du nichts erreichen. So ein Verhalten wirkt einengend, besitzergreifend und klebrig, also eher unsympathisch.

Der neuerliche Vorstoß soll nur darin bestehen, dass du dem anderen einfach mitteilst, was dir an ihm/ihr gefällt, was dir imponiert, warum du dich angezogen fühlst. Mehr nicht. Zeig dich im Freundeskreis, so weit es der Seelenschmerz zulässt, als möglichst unkomplizierter, lockerer, aktiver Typ. Das macht dich sympathisch und beeindruckt den anderen mehr als starke Gefühlsausbrüche. Vielleicht ändert er/sie dann sogar die Meinung über dich. Auch wenn es bei der Ablehnung bleibt, du wirst durch das Offensein abgelenkt, erlebst, dass du beliebt bist, und hilfst dir daher mehr, als wenn du im Liebeskummer verharrst.

Liebe kann man nicht erzwingen

Eine andere Reaktionsweise bei Liebeskummer ist der Versuch, die Liebe doch noch zu erzwingen, indem du Eifersucht weckst. Wenn du diese Taktik anwendest, dann muss dir klar sein, dass eher das Besitzenwollen als wirkliche Liebe dein Motiv ist. Der „Liebeskummer" ist nichts anderes als verletzter Stolz. Du spielst total unfair mit den Gefühlen des „Ersatzobjekts", spielst allen etwas vor und spielst mit der Liebe. Das ist zu viel an Spiel und zu wenig an echten Gefühlen!

Du hast sicher schon öfter gehört, dass diese Taktik, den anderen eifersüchtig zu machen, zum Erfolg geführt hat und teilst daher meine negative Meinung darüber vielleicht nicht. Obwohl ich in jedem Fall gegen solche Spiele bin, gebe ich zu, dass manche sich erst dann ihrer wahren Gefühle bewusst werden, wenn sie erleben, dass jemand anderer sich für den betreffenden Menschen interessiert. Es gibt Menschen, die jemanden erst dann so richtig beachten, wenn die Gefahr akut ist, ihn/sie zu verlieren.

Durch diese Taktik kannst du eventuell jemanden auf dich aufmerksam machen, der, ohne es bislang bemerkt oder sich eingestanden zu haben, schon mehr Gefühle für dich gehegt hat. Wenn dir jedoch eine deutliche Abfuhr erteilt wurde, dann weckst du mit dem Versuch die Eifersucht zu schüren keine Gefühle: Zu diesem Zeitpunkt sind höchstwahrscheinlich nicht genügend davon vorhanden. Falls du auf diese Weise dennoch die Aufmerksamkeit des anderen auf dich ziehst, dann nur, weil du seinen Egoismus geweckt hast (z. B. die „Beute" keinem anderen zu gönnen oder den Fan nicht verlieren zu wollen).

Statt solche Taktiken anzuwenden, stärke dich besser durch dein Selbstwertgefühl. Wandle nach und nach den Liebeskummer um, indem du dir bewusst machst, dass die von dir begehrte Person mit deinen Gefühlen nicht mitschwingen konnte und deinen Bedürfnissen daher nicht entsprechen kann. Was also hast du an ihm/ihr verloren? Es ist sicher schrecklich traurig, dass er/sie nicht so ist und nicht so zu empfinden vermag, wie du es dir ersehnt hast. Aber du hast anscheinend nur ein Wunsch- oder äußeres Erscheinungsbild von dieser Person geliebt, ohne die gesamte Persönlichkeit gekannt zu haben. Möglicherweise hättest du nie so starke Gefühle entwickelt, wenn du ihn/sie gleich richtig erlebt hättest, wenn du gesehen hättest, dass er/sie viel zu wenig mit deinem Wunschpartner zu tun hat.

80

Gibt es in der Liebe Unterschiede im Verhalten von Jungen und Mädchen?

Renate, 14 Jahre
Ich liebe einen Jungen, er sieht gut aus und ist total cool. Ich weiß aber nicht, ob er mich auch liebt. Nach der Disco legt er oft den Arm um mich und fängt an zu schmusen. Aber wenn wir uns zufällig auf der Straße treffen, dann tut er, als würden wir uns nicht kennen. Einmal gab er mir sogar einen Zungenkuss. Ich war glücklich und dachte, dass er mich doch liebe. Aber dann schaute er mich wieder nicht an. Ich habe Angst ihn zu fragen, ob er mich liebt. Ich glaube, er würde mich auslachen.

Laurenz, 13 Jahre
Ich liebe ein Mädchen. Sie hat mich im Bus neben sich sitzen lassen und mir einen Kaugummi gegeben. Am nächsten Tag lächelte sie mich an, obwohl sie gerade mit ihren Freunden beisammen war. Deshalb traute ich mich, ihr einen Liebesbrief zu schreiben. Sie sagte nichts dazu. Jetzt lacht sie mit ihren Freunden über mich und schaut mich ganz überheblich an. Mir ist das urpeinlich. Ich hätte diesen blöden Brief nicht schreiben dürfen.

Manuela, 13 Jahre
Im Sommer verliebte ich mich in einen 16-jährigen Jungen. Er arbeitet in einer Pizzeria. Da ich gerne Pizza esse, ging ich immer wieder in sein Lokal. Er machte mit mir Spaß und nannte mich seinen Schatz. Dann erfuhr ich aber, dass er hinter meinem Rücken sagt: „Die blöde Kuh könnte mich auch schon endlich in Ruhe lassen!" Ich verstehe nicht, warum er dann zu mir immer so nett gewesen ist.

Coole Typen und sensible Softies

Wie du schon im Kapitel über die Pubertät erfahren hast, haben die meisten Jungen ziemliche Scheu vor zu deutlich gezeigten Gefühlen. Jedes Gefühl bewegt und beeinträchtigt in gewisser Weise, man verspürt eine Gemütsschwäche, fühlt sich nicht mehr cool genug. Diese Irritation verunsichert, keiner will sich schwach fühlen und schon gar nicht so erscheinen.

Es liegt also der Schluss nahe, dass man sich gegen das Gefühl schützen muss. Wer Gefühle immer wieder kaschiert oder abblockt, der verlernt, sie richtig zu deuten, mit ihnen umzugehen, die an und für sich vorhandene Sensibilität auch zu nutzen. Das Imponiergehabe bildet einen Schutzwall um die Sensibilität.

Ein Junge lernt bereits als Schulanfänger, dass er Gefühle nicht zeigen darf. Verhält er sich ängstlich, verzagt, scheu, dann wird er als Feigling oder Schwächling abgestempelt und ausgelacht. Um nicht abgelehnt oder missachtet zu werden, muss er sich eine starke Fassade aufbauen, hinter der er seine wahren Gefühle verborgen hält. Er erlebt nun, dass er mit dieser Fassade als cooler Typ mehr geachtet wird und es in vielen Situationen dadurch leichter hat. Deshalb ist er in keiner Weise motiviert, seine Gefühle preiszugeben, durch die er nicht nur sein Image verlieren, sondern verunsichert würde und verletzbar wäre. Das ist ein durchaus verständlicher Prozess, zumal fast alle so ein als männlich geltendes Verhalten von einem Jungen erwarten und dieses entsprechend verstärken.

Wenn es jedoch um die Liebe geht, dann sollte der Junge plötzlich all seine Gefühle deutlich zum Ausdruck bringen. In einer vertrauten, sehr intimen Situation, bei stark empfundener Liebe, gelingt das den meisten Jungen auch, nur brauchen viele weitaus längere Zeit als Mädchen, bis sie die Liebe offenbaren können. Selbst wenn sich Jungen genauso wie Mädchen Hals über Kopf verlieben, so zeigen sie doch ihre Gefühle weitaus weniger, als dies Mädchen üblicherweise tun.

Das – und die zeitlich unterschiedliche Entwicklung oder die versteckte Stärke der Gefühle – führt zwischen Jungen und Mädchen oft zu Problemen. Mädchen sollten Jungen nicht gleich mit der ganzen Vehemenz ihrer Gefühle überschütten, sich ihnen nicht an den Hals werfen, ihnen nicht liebeshungrig nachstellen. Jungs fühlen sich überfordert, wenn sie plötzlich mit so einem Gefühlsschwall konfrontiert werden. Sie wissen nicht, wie sie damit umgehen sollen. Die Situation ist ihnen meist sehr peinlich oder unangenehm, sie reagieren verlegen oder schützen sich durch kalt erscheinende Abwehr.

Der Einfluss der Freunde ist dabei enorm. Wie weit sie sich einem Mädchen gegenüber öffnen, hängt häufig auch davon ab, wie die Freunde es bewerten, wenn er „einen Stand" auf sie hat. Auf ein Mädchen „einen Stand" zu haben wird unter Jungen eher gebilligt als verliebt zu sein. Verliebtsein beinhaltet wahrscheinlich schon wieder zu viel an gefühlsmäßigem Einge-ständnis, es scheint die Abhängigkeit und Verletzbarkeit durch. Vermeintliche Schwäche ist damit verbunden, gegen die sich Jungen gern zur Wehr setzen. Viel leichter ist es, der aktive Teil, der „Draufgänger", der „Eroberer" zu sein, sich hinter der Fassade des „coolen Typen" zu verstecken. Für viele Jungen gilt der Leitsatz: Lieber mit dem Verliebtsein der Mädchen spielen, als sich gefühlsmäßig preisgeben und dann vielleicht enttäuscht oder blamiert werden. Außerdem imponieren sie ihren Freunden weitaus mehr, wenn sie berichten, wie sie ein Mädchen angebaggert und rumgekriegt haben. Das Image, das sie bei ihren Freunden haben, ist wichtiger als die Zuneigung des Mädchens.

Aber auch durch die Mädchen erfahren Jungen immer wieder, dass sie als cooler Typ mehr bewundert und begehrt werden. All das erklärt, warum das Anfangsstadium einer sich anbah-nenden Liebe zwischen Jungen und Mädchen oft so kompli-ziert abläuft, warum es leicht zu Missverständnissen und zu Enttäuschungen kommt. Der Rat lautet: Zeit lassen; keine voreiligen Schlüsse ziehen; das Verhalten des anderen nicht überbewerten; Gefühle weder zu impulsiv noch verschleiert zeigen, sie ganz einfach gedeihen lassen. In der Liebe braucht keiner dem anderen etwas vorzumachen, also eine Rolle zu spielen. Jemanden zu lieben ist weder peinlich noch ein Zeichen von Schwäche! Im Gegenteil: Wer sich zu seinen Gefühlen offen bekennen kann, der ist ein wirklich starker Typ!

Ein sensibler, feinfühliger Junge wird seine Gefühle voll ausleben, er braucht sie nicht zu verbergen. Die Sensibilität paart sich mit Empfindsamkeit. Das ist eine wertvolle Eigenschaft, durch die man sehr bereichert wird. Zum Beispiel nimmt man als empfindsamer Mensch mehr wahr, man hat eine gute Beobachtungsgabe, hat Tiefgang, ist also kein oberflächlicher Typ, hat ein feinsinniges Gespür für andere, kann sich einfühlen, ist verständnisvoll usw. Empfindsame Jungen müssten also zu den begehrtesten Partnern zählen. Aber sie wirken schüchtern, gehemmt und haben nicht gelernt, sich cool zu geben. Völlig unberechtigterweise werden sie als „softy" im Sinne von „Schwächling" angesehen. So abgestempelt wirken solche Jungen auf das andere Geschlecht von vornherein weitaus weniger anziehend, obwohl sie aufgrund ihrer wahren Persönlichkeit weit mehr Anerkennung verdienen würden.

Sensible, feinfühlige Jungen lieben und leiden ähnlich intensiv wie Mädchen. Aus Angst davor, abgelehnt und lächerlich gemacht zu werden, müssen sie ihre Gefühle eher im Verborgenen ausleben.

Es gäbe grundsätzlich kaum einen Unterschied zwischen den Geschlechtern festzustellen. Der Unterschied entsteht einzig und allein deshalb, weil die Umwelt den Mädchen starke, offen zur Schau gestellte Gefühlsregungen eher zubilligt als Jungen. Es wird ungerechterweise noch immer mit zweierlei Maß gemessen. Eine schwierige Situation für alle, insbesondere für sehr empfindsame Jungen!

Die Gefühlswelt der Mädchen

Die meisten Mädchen haben keine Schwierigkeiten, ihren Gefühlen freien Lauf zu lassen, sie mit aller Stärke auszuleben. Im Gegensatz zu Jungen treffen sie bei ihren Freundinnen immer auf ein mitfühlendes Publikum, mit dem sie jede klitzekleinste Gefühlsregung besprechen können. Mädchen dürfen ihre Gefühle von klein auf sehr wichtig nehmen und sie offenbaren. Mädchen sind daher im Umgang mit Gefühlsreaktionen weitaus geübter als viele Jungen.

Aber sie neigen auch eher dazu, sich in Gefühle hineinzusteigern, sich total von ihnen vereinnahmen und schwer davon abbringen zu lassen. In der Liebe sind sie leicht entflammbar und hängen mit jeder Faser ihrer Seele an dem Idol. Selbst wenn der Traummann unerreichbar ist (z. B. ein Star, ein Lehrer), halten sie an ihrem Gefühl fest und leben ihre Liebe mit allen Hochs und Tiefs voll aus. Alle anderen Lebensinhalte verblassen, die Konzentration ist nur auf das Liebesobjekt ausgerichtet. Reale Begebenheiten werden mit Fantasien und Wunschbildern vermischt und können kaum mehr auseinander gehalten werden.

Jedem, der nüchtern das Traumbild zurechtrücken möchte und gefühlsmäßig nicht mitschwingt, wird Unverständnis vorgeworfen, oder er wird sogar als Feind angesehen.

Bei Mädchen entsteht oft eine solche Gefühlsdynamik, dass Jungen, die damit plötzlich konfrontiert werden, total überfordert sind und nur noch in der Flucht die Rettung sehen.

Natürlich gibt es auch unter den Mädchen die „coolen Typen". Sie sind meist weniger kameradschaftlich als viele coole Jungs, auf die ihre Freunde durchaus zählen können. Die coolen Mädchen wirken eher arrogant. (Wieweit die Arroganz Unsicherheit verdecken soll oder einer Überheblichkeit entspringt, ist erst bei näherem Kontakt feststellbar.) Diese Mädchen drehen ihre Gefühle vorerst einmal auf Sparflamme. Sie verstehen es, Gefühle zu kontrollieren. Sie hüten sich davor, sich gefühlsmäßig zu verzetteln, sie warten ab, stürzen sich nicht sofort in Liebesgefühle. Sie wollen begehrt, umworben, aber nicht angebaggert werden. Sie sind Jungen gegenüber kritischer eingestellt, sie nehmen nur solche ernst, die in ihren Augen etwas darstellen, durch „trendy" Aussehen oder imponierendes Auftreten imageträchtig wirken.

Auch vordergründig gehemmte, sehr sensible Mädchen drehen ihre Gefühle lieber auf Sparflamme, nicht deshalb, weil andere die Gefühlsregungen belächeln oder sie für unangebracht halten würden. Sie tun das vielmehr aus Selbstschutz, da gehemmte Mädchen, ebenso wie unsichere Jungen, fest damit rechnen, abgelehnt zu werden.

Eifersucht
Zwischen eifersüchtigen Jungen und Mädchen gibt es kaum einen Unterschied. Bei beiden ist das mangelnde Selbstwertgefühl die Ursache, das Besitzenwollen oder/und das Gefühl, mit einem Verlust nicht fertig werden zu können. Nur wird das eifersüchtige Verhalten von Jungen und Mädchen unterschiedlich präsentiert und anders bewertet. Dem eifersüchtigen Jungen billigt man eher zu, begründet eifersüchtig zu sein und bedauert ihn deshalb. Das eifersüchtige Mädchen hingegen wird allzu schnell als misstrauisch und lästig angesehen. (Auch das ist eine gänzlich unüberlegte, ungerechte geschlechtsbezogene Beurteilung!)

Ein gesunder Mischtyp von cool und sensibel ist der „Kumpel-Typ". Es gibt ihn bei Jungen und Mächen, und ihr Verhalten in Liebesbeziehungen unterscheidet sich kaum. Beide sind offen in ihrer Zuneigung, die Gefühlsabläufe sind relativ unkompliziert. Jeder steht zu seinen Gefühlen und vertraut dem anderen, ohne sich weiter viel Gedanken zu machen. Ihre Beziehungen sind konfliktfreier und meist dauerhafter.

Wie du bereits weißt, ist es sehr wichtig, dich selbst und deine Wirkung auf andere gut zu kennen, genauso wie es erforderlich ist, den anderen möglichst richtig einzuschätzen, dich also nicht von der Verhaltensverpackung bluffen zu lassen. Übe dich darin, indem du bestimmte zwischenmenschliche Situationen, Beobachtungen über dich und andere im Nachhinein überdenkst (wenn du ein wenig Abstand hast, bist du in der Wahrnehmung nicht durch Gefühle beeinträchtigt) und versuchst, das jeweilige Verhalten richtig zu deuten. Gehe davon aus: „Welcher Typ passt zu mir? Was wünsche ich mir in einer Beziehung? Wie muss ich mich zeigen, um beim anderen den Eindruck zu machen, der mir entspricht und das hervorruft, was ich erreichen möchte?"

Natürlich ist es leichter und bequemer, alles laufen und auf sich zukommen zu lassen, als sich ein wenig zu ändern und gegebenenfalls rechtzeitig die Gefühle einzubremsen. Entscheide, wie wichtig es dir ist, die Chance auf eine gute Beziehung zu nützen, ob du etwas dazu beitragen willst, um deinen echten Bedürfnissen zu entsprechen. Das erfordert die Mühe einer kritischen Selbst- und Fremdbetrachtung. Es verhindert, dass du dich aufgrund einer Fehleinschätzung falschen Erwartungen hingibst, dass du „betriebsblind" wirst. Auf diese Weise wirst du dich nicht in deinen Gefühlen verlieren, kannst sie aber dennoch voll ausleben.

Ist es eine Schande, noch keinen Freund/ keine Freundin zu haben?

Michaela, 17 Jahre
Ich habe in meinem bisherigen Leben noch nie einen Freund gehabt. Ich kenne Mädchen, die mit 14 schon längst keine Jungfrauen mehr sind. Ich gehe jedes Wochenende in die Disco, aber mich spricht keiner an. Wenn ich einen Jungen sehe, der mir gefällt, traue ich mich nicht ihn anzusprechen. Es liegt sicher nicht an meinem Aussehen. Ich bin schon

einigen attraktiven Jungs aufgefallen. Deshalb verstehe ich auch nicht, warum mich keiner anspricht. Es ist so furchtbar, wenn man als Einzige keinen Freund hat. Ich fühle mich so einsam.

Monika, 13 Jahre
Meine Freundinnen haben alle einen Freund. Ich bin auch total verknallt, aber ich kann es dem Jungen nicht sagen, weil er alle total gemein abblitzen lässt. Für mich hat sich noch kein Junge interessiert. Mein Problem ist auch, dass ich mich überhaupt nicht mag.

Gerd, 16 Jahre
Ich bin noch nie mit einem Mädchen gegangen. Ich will keine nur so anbaggern. Ich hätte gern eine echte Freundin. Ich weiß nicht, was ich falsch mache. Vielleicht bin ich ein wenig zu schüchtern, aber nur daran kann es nicht liegen. Meine Freunde spotten und sagen „Schwuli" zu mir. Das nervt mich.

Peter, 14 Jahre
Mich können Mädchen nicht leiden. Die Mädchen in meiner Klasse sagen „Pest" zu mir. Keine möchte mit mir gehen. Die anderen Jungs in meiner Klasse haben alle schon eine Freundin. Ich komme mir schon richtig blöd vor.

Wenn man einen Freund bzw. eine Freundin hat, fühlt man sich aufgewertet. Allein die Tatsache, dass sich jemand für einen interessiert, zeigt, dass man auf andere wirkt und daher kein bedeutungsloser Mensch ist. Die Zuwendung von anderen ist nun mal wichtig, um das Selbstvertrauen zu stärken. Wenn man noch dazu vom anderen Geschlecht beachtet wird, dann fühlt man sich in der neuen Rolle als Frau, als Mann bestätigt und gewinnt darin schneller an Sicherheit. Jeder ist von den allgemeinen Erwartungen an die Geschlechterrolle geprägt und möchte dieser entsprechen, um sich „normal" fühlen zu dürfen, um dazuzugehören. Für manche ist es für das Image unbedingt erforderlich, den Freunden zeigen zu können, dass man auch mit jemandem geht.

Der viel wichtigere Beweggrund sollte natürlich die Liebe, das Bedürfnis nach einer intimen Beziehung sein. Zu jemandem zu gehören, gemocht, begehrt zu werden, ist ein wunderschöner Zustand, nach dem sich jeder mehr oder minder stark sehnt. *Keiner* ist dazu verurteilt, sein Leben in Einsamkeit zu fristen! *Keiner* muss befürchten, niemals einen Freund oder eine Freundin zu bekommen! Das Aussehen begünstigt zwar in manchen Fällen die Kontaktaufnahme, ist aber nicht ausschlaggebend für eine gute Beziehung. Also, auch wenn du so gar nicht dem Model-Typ entsprichst, sind deine Chancen auf einen Partner, eine Partnerin nicht geringer.

Natürlich tut es weh, wenn man den Eindruck hat, dass alle anderen bereits eine Beziehung haben, nur bei einem selbst tut sich diesbezüglich gar nichts. Du leidest unter dem ungewollten Single-Dasein und stellst dich sofort in Frage. Du gehst davon aus, dass es nur an dir liegen kann, dass du eben nicht gut genug, nicht liebenswert, nicht attraktiv, nicht interessant bist. Du verunsicherst und bedrückst dich dadurch noch mehr. So verhinderst du, dass du unbeschwert und offen für neue Kontakte bist, dass du angenehm locker auf andere wirkst. Ohne es zu wollen und zu merken, signalisierst du dem anderen Geschlecht entweder: „Mit mir ist nichts anzufangen. Ich bin nicht geeignet für eine Beziehung!", oder: „Ich muss unbedingt, um jeden Preis sofort eine Beziehung haben!" Durch beide Signale schreckst du die anderen ab, sie wollen dich schon allein aus diesem Grund gar nicht näher kennen lernen.

Noch keinen Freund, keine Freundin zu haben, ist sehr oft nur reiner Zufall. Es ist sicher keine Schande, denn es besagt nicht, dass du weniger beachtenswert, weniger ansprechend als andere *bist!* Diese Aussage kannst du wahrscheinlich nur dann halbwegs akzeptieren, wenn du eine Erklärung dafür findest, warum du nicht so auf andere *wirkst* und bis jetzt noch keinen Anschluss gefunden hast.

Ob es wirklich nur Zufall ist oder ob ein Grund dafür vorhanden ist, wird schwer festzustellen sein. Du kannst nur deinen möglichen Anteil daran überprüfen: Zeigst du dich zu vereinnahmend, zu klebrig, zu besessen darauf, unbedingt jemanden haben zu müssen? Bist du so gehemmt, dass du dich in dich zurückziehst und den anderen gar keine Möglichkeit gibst, dich richtig kennen zu lernen? Zeigst du aus Unsicherheit ein falsches Bild von dir, wirkst du vielleicht arrogant, kindisch, kompliziert oder langweilig? Können die anderen an deinem Verhalten erkennen, dass du an ihnen, an ihren Gesprächsthemen und Aktivitäten interessiert bist? Wie reagierst du, wenn du angesprochen wirst? Wirkt deine Scheu oder Verlegenheit vielleicht abweisend auf die anderen? Machst du einen reiferen Eindruck, verunsichert dein Auftreten die anderen?

Wenn einiges davon zutreffen sollte, dann arbeite nochmals an deinem Selbstwertgefühl. Mach dir bewusst, dass er bzw. sie an dir eine wertvolle Freundin, einen wertvollen Freund gewinnen kann, dass du also zumindest genauso viel zu bieten hast wie die meisten anderen. Danach überlege, was du von einer Beziehung erwartest, welche Ansprüche du stellst. Es ist dein Recht, wählerisch zu sein. Es wäre kindisch, sich an irgendeine Person nur deshalb anzuschließen, weil dich das vermeintlich bedeutender macht, weil du nun endlich zeigen kannst, dass du mit jemandem gehst.

Sich irgendjemanden aufzugabeln ist überhaupt kein Kunststück, das könntest du auch zuwege bringen. Du hast wahrscheinlich an solchen oberflächlichen, kurzlebigen Scheinbeziehungen kein Interesse, die andere bereits als „einen Freund, eine Freundin gehabt zu haben" bezeichnen.

Wenn du traurig bist, dass du noch keinen Freund, keine Freundin hast, dann ist das völlig verständlich. Es zeigt, dass du normale Bedürfnisse und Wünsche hast. Wichtig ist nur, dass du dich deshalb nicht abgewertet fühlst, nicht an deiner Wirkung auf *alle* anderen zweifelst. (Du willst auch nicht alle anderen zum Freund, sondern nur eine bestimmte Person!) Es gibt mehr als genug glückliche Paare, die zu den so genannten „Spätzündern" gehören, die also erst nach einem langen Single-Dasein die richtige Partnerschaft gefunden haben. Glaub daran – und glaub vor allem an *dich!*

IV. KAPITEL

SEXUALITÄT

Iris und Magdalena, 12 Jahre
Wir sind noch nicht aufgeklärt, aber wir schämen uns, andere zu fragen. In unserer Klasse reden alle über Sex und wir können nicht mitreden.

Markus, 16 Jahre
Ich bin so verzweifelt. Die meisten meiner Freunde haben schon mit einer Freundin geschlafen. Sie fragten mich, ob ich auch schon mit einer geschlafen habe. Ich sagte nein. Seither sind sie so gemein zu mir und sagen zu mir immer „Niete". Ich fühle mich noch nicht bereit. Soll ich nur mit meiner Freundin schlafen, damit mich die Freunde nicht als Niete sehen?

Maria, 14 Jahre
Ich bin verzweifelt. Vor einigen Tagen fragte mich mein Freund, ob ich mit ihm schlafe. Ich lehnte ab. Aber dann sprach er kein Wort mehr mit mir. Weil ich das nicht ertragen konnte, willigte ich dann doch ein. Beim ersten Mal tat es weh, dann fühlte ich mich aber doch wohl dabei. Am nächsten Tag sagte er zu meiner Freundin, dass ich im Bett eine totale Niete sei. Ich weiß nicht mehr weiter, wie soll ich mich verhalten?

Deborah, 14 Jahre
Wir gingen in die Disco. Da kam ein ganz heißer Typ auf mich zu. Beim Tanzen fing er an, mich auszugreifen. Als ich aufs Klo ging, ging er mir nach und betatschte mich. Ich

wollte mich wehren, aber da presste er sich gegen mich und holte seinen Penis hervor. Er bekam einen Samenerguss. Bin ich vergewaltigt worden? Könnte ich dadurch schwanger werden?

Sigrid, 12 Jahre
Was genau ist „Petting"? Darf man während der Menstruation Selbstbefriedigung machen? Könnte man theoretisch während der Menstruation mit einem Jungen schlafen? Gibt es bei Kondomen eigentlich unterschiedliche Größen?

Christian, 15 Jahre
Mein Problem ist, dass mein Penis ungewollt erigiert. Es kommt auch vor, wenn ich an Sexualität denke oder eine attraktive Frau sehe. Für mich ist das sehr peinlich. Ich weiß nicht, wie es anderen bei diesem heiklen Thema geht. Ich glaube, Jungs sind da sehr empfindlich, wenn sie damit öffentlich konfrontiert werden. Ich wüsste gern, wie es dazu kommt, ob ich es verhindern kann und ob das eine Art der Selbstbefriedigung ist.

Markus, 14 Jahre
Ich bin total verzweifelt. Vor einem Jahr habe ich begonnen, mich selbst zu befriedigen. Mittlerweile bin ich süchtig darauf. Ich komm nicht mehr davon los.

Melanie, 13 Jahre
Ich gehe jetzt schon seit einem Jahr mit meinem Freund. Er drängt immer mehr, dass ich mit ihm schlafen soll. Auch unsere Freunde finden, dass ich das tun sollte. Aber ich fühle mich noch nicht so weit. Ich liebe ihn aber sehr und will ihn nicht enttäuschen. Ich weiß nicht, was ich tun soll. Ich glaube, wenn ich nicht mit ihm schlafe, lässt er mich stehen. Außerdem komm ich mir vor den anderen schon blöd vor.

Soll ich, soll ich nicht?

Die Aufklärung ist ein seriöses Thema im Religions- und Biologieunterricht. In jeder Jugendzeitschrift, jeder Illustrierten wird über Sexualität berichtet. Du redest mit deinen Freunden darüber, die wiederum ihre Informationen an dich weitergeben. Wenn du den Vorteil hast, dass du mit deinen Eltern ohne Scheu über Sexualität sprechen kannst, dann bleiben für dich kaum mehr Fragen offen. Vertrauensvolle Gespräche mit den Eltern verhindern, dass du Halbwahrheiten oder Gerüchte für bare Münze nimmst. Sie geben dir mehr Sicherheit als alles, was du aus anderen Informationsquellen bekommen kannst.

Leider gibt es Eltern, die dem Thema „Sexualität" aus dem Weg gehen. Sie wissen nicht, wie sie mit ihrem Kind darüber reden sollen, ohne dabei Grenzen zu überschreiten, die ihnen ihre Moral setzt. Sie wissen auch nicht, was und wie viel sie ihrem Kind zu welchem Zeitpunkt darüber mitteilen dürfen, damit es nicht durch solche Gespräche viel zu früh zu sexueller Betätigung angeleitet wird.

Wenn einige Eltern nicht über Sexualität reden wollen, besagt das nicht, dass sie verständnislose „Oldies" sind, sondern eher, dass sie sich unsicher fühlen. Sie wollen dich vor Fehlern oder Schwierigkeiten bewahren, aber es ist ihnen nicht ganz klar, wie sie dabei vorgehen sollen. Es kann aber auch an dir, an deiner Scheu oder an deinem mangelnden Vertrauen zu deinen Eltern liegen, wenn dieses Thema bei dir zu Hause nicht zur Sprache kommt. Es ist schade, wenn diese beste Informationsquelle, aus welchem Grund auch immer, von dir nicht genützt werden kann.

Üblicherweise führt man die meisten Gespräche über Sexualität mit Freunden. Du kannst davon ausgehen, dass deine Freunde auch nur über ungefähre Kenntnisse verfügen. Ihre Berichte sind eher imponierend dargestellte Gerüchte, fantasievolle Schilderungen, mit denen sie sich wichtig machen. Sie

94

wollen sich erfahren zeigen, geben daher an und tragen dick auf.

Um nicht unreif zu erscheinen oder von den bedeutungsvollen Gesprächen ausgeschlossen zu sein, fühlst du dich wahrscheinlich genötigt, dich ebenso informiert und erfahren zu geben. Es gehört schon eine gesunde Portion Selbstbewusstsein dazu, um vor den anderen zu bekennen, dass man noch viel zu wenig über Sexualität Bescheid weiß bzw. sich noch nicht bereit fühlt, diese zu praktizieren.

Vermutlich ist es auch in deinem Freundeskreis wichtig zu wissen, ob der oder die schon mit jemandem geschlafen hat. Gibt es diesen „Erfahrenen" unter den Freunden, dann wird er von allen bewundert. Jeder möchte informiert werden, wie das Miteinanderschlafen gewesen ist. Der Betreffende steht im Zentrum der Aufmerksamkeit, er wird zum „Star" der Runde.

Bald kannst auch du der Frage „Hast *du* auch schon . . .?" nicht mehr ausweichen. Die klare Antwort „Nein" oder „Ich will noch nicht" zu geben fällt furchtbar schwer. Du befindest dich in einem Dilemma: Antwortest du wahrheitsgetreu, dann könntest du von den Freunden abgewertet werden. Gibst du dich jedoch erfahrener, als du bist, musst du Geschichten erfinden, die auf wackeligen Beinen stehen.

Bei vielen führt dieses Dilemma leider dazu, dass sie so schnell wie möglich den Geschlechtsakt zu konsumieren versuchen. Um nur ja mithalten zu können, lassen sie sich lieber mit irgendjemandem ein, der dafür gerade zur Verfügung steht, als noch auf unbestimmte Zeit zuzuwarten.

Solche sexuellen Erfahrungen, die nur der Selbstbestätigung dienen sollen, sind fast immer furchtbar enttäuschend und ernüchternd. Es ist kein Zeichen von Unreife, noch keinen sexuellen Kontakt gehabt zu haben, aber es ist durchaus unreif und kindisch, mit Sexualität zu prahlen! Jemanden nur für einen „Quicky", für einen kurzen Hupfer ins Bett zu bekommen ist überhaupt kein Kunststück und daher nicht nur reifen, attraktiven, coolen Typen möglich. Der vollzogene Geschlechtsakt allein ist sicher *kein* Beweis dafür, dass man nun erwachsener geworden ist, den anderen etwas Bedeutungsvolles voraus hat und somit aufgewertet ist!

Lass dich nicht von Freunden unter Druck setzen! Versuch sie nicht nachzuahmen, mit ihnen gleichzuziehen. Nimm die Berichte der Freunde nicht allzu ernst. Du kannst davon ausgehen, dass nicht alle Schilderungen der Wahrheit entsprechen, dass auch deine Freunde in Sachen Sexualität unsicher und keineswegs so erfahren sind, wie sie vielleicht tun. Ihnen ist es wie dir ebenso peinlich, als wenig informierter sexueller Laie zu gelten, und deshalb machen sie sich wichtig und protzen damit.

Die Sexualität ist deine persönlichste, intimste Angelegenheit. Denke nicht, du seist unreif, wenn du dich erst später dazu bereit fühlst. Du willst sicher, dass dein erstes sexuelles Erlebnis etwas Besonderes, Beeindruckendes wird. Du willst dich nicht lieblos benützt und für egoistische Zwecke missbraucht fühlen.

Da der sexuelle Akt für dich höchstwahrscheinlich nicht nur eine rein körperliche Betätigung, sondern auch mit vielen Gefühlen verbunden ist, bist du in dieser Situation sehr empfindsam. Neugierde, Ängstlichkeit, Unsicherheit, Begierde, Zärtlichkeit, Verlangen, Verliebtheit, der Wunsch nach Hingabe und Bestätigung, all diese seelischen und körperlichen Emotionen treten gleichzeitig auf. Du befindest dich also in einem übersensiblen Zustand, in dem der Geschlechtsakt nur mit einem liebevollen, dir gut vertrauten Partner zum schönen Erlebnis werden kann. Brutales, kaltes Vorgehen, abwertende, taktlose Bemerkungen, wie sie vom Sexualpartner in einer nur oberflächlichen Beziehung kommen können, würden dich so tief treffen, dass du dich lange nicht davon erholen würdest.

Die Gefahr enttäuscht zu werden besteht natürlich immer.

Aber du kannst viel dazu beitragen, diese Gefahr möglichst gering zu halten. Nimm dir vor, an dich, für dich zu denken: „Ich bin reif genug, um nicht deshalb mit jemandem ins Bett zu gehen, weil ich glaube, vor den anderen angeben zu müssen. Ich bin nicht so dumm, dass ich mich selbst verleugne, nur um von den Freunden als vollwertig angesehen zu werden. Ich will ernst genommen werden, so wie ich bin. Daher lasse ich mich auch nicht dazu überreden und schon gar nicht mit dem Argument erpressen, dass ich ihn/sie nicht lieben würde, wenn ich bei dem Nein bliebe. Ich bin stark genug, nur das zu machen, was ich wirklich will, nämlich den Sexualakt besonders schön zu erleben und das Verliebtsein auch nachher noch gemeinsam zu genießen. Ich weiß, dass ich das am ehesten mit einem Menschen erreiche, den ich schon gut genug kenne, dem ich vertrauen kann."

Die Angst, ihn/sie zu verlieren, wenn man den sexuellen Forderungen nicht nachkommt, nötigt viele die Scheu vor dem noch nicht gewünschten Sexualakt zu überwinden. Sich zu behaupten ist in intimen Situationen nicht leicht, da du ja dem anderen nicht rein egoistische Motive unterstellen möchtest. Du hoffst doch, dass er für dich etwas empfindet, und willst ihn nicht verscheuchen. Du bist in einer schwierigen Zwickmühle zwischen zwei fast gleich starken Wünschen: sich noch nicht einlassen und den anderen nicht verlieren wollen. Du brauchst viel gesunde Selbstliebe, um dennoch bei deinem Nein zu bleiben.

Stärke dich, indem du dir folgende Tatsachen vor Augen hältst: Da kaum eine/einer in so einer erzwungenen Situation entspannt und offen sein kann, wird Sex zum verkrampften Akt, der beide eher auseinander bringt als zusammenführt. Oft hat derjenige, der sich überreden ließ, auch noch den Spott des anderen zu ertragen, ein Versager, eine sexuelle Niete zu sein. *Niemals* kannst du jemanden halten oder gewinnen, nur weil du dich zu Sex überreden läßt! Nicht *du* beweist dadurch deine

Liebe, sondern er/sie beweist sie dir, wenn er/sie deine Weigerung respektiert und du ihm/ihr trotzdem genauso viel wert bleibst. Wer sich also wegen des Neins von dir abwendet, der hat dir nur Liebe vorgeheuchelt und hätte dich früher oder später nach seinem gestillten Sexbedürfnis ohnehin stehen lassen. Das hast du nicht notwendig! Erspar dir so eine furchtbare Enttäuschung!

Lass dir nichts vormachen und betrüge dich nicht selbst! Für deine spontane Abwehr gibt es sicher einen Grund, auch wenn dir im Moment nicht ganz klar ist, warum du dich noch nicht dazu bereit fühlst, mit ihm/ihr ins Bett zu gehen. Steh zu deinem Empfinden, du hast ein Recht darauf! Auch wenn es im Moment weh tut, du verlierst letztendlich nichts, wenn du auf den Typen verzichtest, der durch seine beleidigte oder beleidigende Reaktion erkennen lässt, dass er dich nur aus egoistischen Motiven „haben" wollte.

Die Angst vor ungewollter Schwangerschaft

Die Angst vor einer ungewollten Schwangerschaft verhindert bei vielen, dass sie dem sexuellen Bedürfnis leichtfertig nachgeben. Wie und wann man schwanger werden kann, darüber sind die wenigsten genau informiert. Wenn das steife Glied, der erigierte Penis penetriert, also in die Scheide eindringt, und es zum Samenerguss, zur Ejakulation kommt und im weiblichen Körper gerade eine Eizelle reif geworden ist, so wird diese vom männlichen Samen befruchtet. Diese befruchtete Eizelle nistet sich in der Gebärmutter ein und ein Baby wächst heran. War keine Eizelle reif oder bleibt die Eizelle unbefruchtet, wird sie ausgestoßen. Das erfolgt durch die nächste Regel. (Deshalb bangen so viele Mädchen, ob sie die Regel bekommen oder nicht.) Da man nur ungefähr ausrechnen kann, wann der Eisprung stattfindet, eine Eizelle also reif ist und befruchtet werden kann (das erfolgt so gegen Mitte des Zyklus, ein Zyklus dauert etwa 25 bis 35 Tage), gibt es keine Möglichkeit, die unfruchtbaren Tage auszurechnen. Man kann sogar schwanger werden, wenn man während der Regel Sexualkontakt hat. Es kommt zwar selten vor, aber der Eisprung ist auch während der Regel möglich.

Der einzig sichere Weg, um nicht schwanger zu werden, ist die *regelmäßige* Einnahme der Pille. Die Pille erhält man nur vom Arzt verschrieben. Das heißt also, dass die Eltern zumindest über den Arztbesuch informiert sein müssen. Wenn es sehr bald nach dem ersten Kennenlernen zum Sexualkontakt kommt, ist das Mädchen vermutlich nicht darauf vorbereitet und hat mit der Einnahme der Pille noch nicht begonnen. Denk nicht, dass es unwahrscheinlich ist, gleich beim ersten Mal schwanger zu werden. Die Wahrscheinlichkeit ist genauso groß wie beim zweiten, dritten oder fünfzigsten Mal! Es gilt: „Wenn schon, dann *nur* mit Empfängnisverhütungsmittel!" Nur unreife Jungen werden darauf nicht achten, nur naive oder unsichere Mädchen werden diese Bedingung nicht stellen.

Schutz vor Aids

Das einfachste Verhütungsmittel ist das Kondom. Vorsicht, auch das Kondom stellt keinen absolut sicheren Schutz vor Schwangerschaft dar, denn es kann reißen oder es kann brüchig sein. Die Verwendung eines Kondoms ist dennoch auf jeden Fall zu empfehlen, weil es den besten Schutz vor einer Ansteckung mit Geschlechtskrankheiten und Aids bietet.

Jeder kann Aids kriegen! Niemand ist vor der Gefahr geschützt! Die Wahrscheinlichkeit, mit einem HI-Virus-Infizierten zusammenzukommen, ist größer, als man allgemein annimmt. Es stimmt nicht, dass nur Drogensüchtige und Homosexuelle Aids haben und die Krankheit verbreiten können. Das Tückische ist, dass man Aids nicht am kranken Aussehen des Betreffenden erkennen kann. Auch ein noch so gesund und kräftig wirkender Typ, dem du voll vertraust, kann mit Aids infiziert sein. Du weißt, dass Aids eine tödliche Krankheit ist, gegen die man noch kein Heilmittel gefunden hat. Das Virus wird durch Körperflüssigkeiten wie Blut und Sperma übertragen. Jede noch so kleine, kaum sichtbare Verletzung kann das HI-Virus aufnehmen, das so in die Blutbahn gelangt. Du brauchst aber nicht in Panik zu geraten. Du musst dich nur rechtzeitig um den entsprechenden Schutz, also um die Verwendung des Kondoms kümmern, oder Intimkontakt nur mit einer vertrauten Person pflegen, über deren Vorleben und Gesundheitszustand (Aids-Test) du genau informiert bist.

Kondome in allen Größen erhält man in Drogerien, Drogeriemärkten, in Apotheken und Automaten. Vor Beginn des Geschlechtsverkehrs wird das Kondom wie eine dünne zweite Haut vorsichtig über das steife männliche Glied gerollt. Wenn es zum Samenerguss kommt, bleibt der Samen im Präservativ (Kondom) und kann nicht zur Gebärmutter gelangen. Unmittelbar nach dem Samenerguss soll das Kondom von dem noch steifen Penis entfernt werden. Jedes Kondom darf man nur einmal benützen.

Was ist Petting? Kann man durch Petting schwanger werden?

Petting ist ein Streicheln und Schmusen, ein Berühren und Reiben der Geschlechtsteile. Petting wird auch „Ausgreifen" genannt.

An und für sich kann man durch Petting nicht schwanger werden. Aber wenn es sich zufällig ergibt, dass nur eine einzige Samenzelle des männlichen Samens in den Bereich der Scheide gelangt, könnte diese ausreichen, um im weiblichen Körper eine Eizelle zu befruchten. Das ist aber zugegebenermaßen ein äußerst selten auftretender Zufall.

Das erste Mal

Josefa, 14 Jahre
Ich lernte vor sieben Monaten einen Jungen kennen, dann haben wir Schluss gemacht. Vor einigen Tagen war ich wieder bei ihm zu Hause. Es kam alles so schnell. Wir lagen plötzlich im Bett. Er zog mir meine Hose hinunter und wir balgten herum. Bis er immer hastiger wurde und ich immer weniger Lust hatte. Ich sagte ihm, er solle aufpassen. Ich habe keine Samenflüssigkeit entdeckt. Ich habe Angst, dass die Samenflüssigkeit doch in mich hineinkam und ich schwanger werde. Hoffentlich glaubt er nicht, dass ihn das nichts angeht, da er mit mir vorher Schluss gemacht hat.

Daniela, 14 Jahre
Ich gehe seit einem Monat mit einem Jungen. Er ist mein totaler Traumtyp. Er ist groß und hat schwarze Augen, in denen ich so viele zärtliche Bilder sehen kann. Ich weiß, das klingt wie totaler Schwachsinn, aber es ist so. Er ist schon 17 Jahre alt und total erfahren. Mein Problem ist, dass ich es nicht bin.
Wir sprachen schon oft darüber, was wir in sexueller Hinsicht wollen und was nicht und natürlich auch über Verhütung. Ich wollte mir die Pille verschreiben lassen, aber er sagte, dass das zu teuer ist, dass Kondome besser sind. Ich traute mich nicht zu sagen, dass ich Angst habe, dass es weh tut, wenn wir miteinander schlafen, obwohl er so süß ist und ich sonst mit ihm über alles reden konnte.
Seit gestern ist alles anders. Wir saßen auf der Bettbank und schmusten. Es war echt schön. Dann ging er mir unters Leibchen. Als er mir in die Hose wollte, schob ich sofort seine Hand weg. Es war plötzlich so ein Angstgefühl in mir hochgestiegen. Ich weiß aber nicht, warum. Er glaubte

mir nicht, dass ich nicht wüsste, warum ich Angst habe.
Er meinte, es gebe immer einen Grund, den man wissen
muss. Er sagte dann, dass es sicher deshalb ist, weil ich ihn
nicht wolle. Ich sagte: „Nein, das weißt du genau." Er
sagte, dass ich es nicht ernst meine. Wir stritten und ich
drehte mich weg. Er erzählte von anderen tollen Freundinnen, die schon so erfahren sind. Da hatte er meinen
wunden Punkt getroffen. Ich sagte ihm, dass ich, wenn ich
mit jemandem schlafe, treu sein werde und auch will,
dass er mir treu bleibt. Er sagte, dass er auch treu ist, aber
dass das Herumschmusen mit anderen Mädchen nicht
zähle. Das tat mir weh. Als ich meinte, ich möchte einmal
Kinder bekommen, antwortete er, dass er keine „Gschrap-
pen" braucht und schon gar keine Mädchen, denn die würde
er ertränken, da Mädchen ohnehin nur nutz- und wertlos
sind. Es war furchtbar für mich, dass er so redete. Sonst
war er immer so liebevoll. Ich war total traurig. Plötzlich
wurde er wieder zärtlich. Wir schmusten, er griff mir
wieder unter das Leibchen. Ich war froh, dass der Streit
vorbei war. Ich wollte keine Spielverderberin mehr sein
und ließ ihn auch in meine Hose. Das Angstgefühl war bald
weg, es wandelte sich in ein echt schönes Gefühl um. Ich
ging ihm dann auch in die Hose. Wir kamen zum Höhepunkt.
Wir lachten beide, weil er sein ganzes Leibchen „voll ge-
spritzt" hatte. Als wir dann zum Bus gingen, ging er einige
Meter vor mir, als ob wir Fremde wären. Zum Abschied
sagte er nur kurz: „Tschüss!" und ging ganz einfach davon. Ich komme mir jetzt so ausgenützt vor. Meine Freundinnen raten mir, ihn zu vergessen, aber das kann ich nicht,
weil ich ihn wirklich lieb habe. War es vielleicht doch
falsch, dass ich ihn in meine Hose ließ? Aber ich wollte
nicht, dass er beleidigt ist. Ich verstehe nicht, warum er jetzt
so kalt ist.

Du bist verliebt. Der erste Zungenkuss ist fällig. Bei vielen beginnt schon hier die Unsicherheit. Jeder weiß, was ein Zungenkuss bzw. ein „Züngeln" ist. Aber wie man das richtig macht, das ist einem nicht so klar. Ich will dir hier keine technischen Anweisungen geben, denn wie sich deine Zunge im Mund des anderen bewegt, ergibt sich von selbst, wenn du dich dem Gefühl ganz hingibst. Wenn du das Küssen „kopflastig" gestaltest, dann erzielst du vielleicht eine gute Technik, aber nimmst dir und dem anderen das intensive Gefühl, sich einander hinzugeben.

Wenn ihr schon voll in der Schmuse- und Kuschelphase steckt, dann scheint der Schritt zum „ersten Mal" nicht mehr weit zu sein. Es ist nicht so schwer in die intime Situation zu geraten, aber gar nicht so leicht, sie richtig zu bewältigen. Du steckst im Durcheinander der Gefühle, die Triebe heizen dich an, die Unsicherheit blockiert dich. Ihr seid einander vertraut und doch wirkt vieles nun befremdend.

Für Jungen und Mädchen ist das eine gleich schwierige Situation, bei der keiner dem anderen die Nervosität eingestehen möchte. Jeder denkt: Einmal begonnen, muss es zu Ende gebracht werden, man will sich doch nicht vor dem anderen eine Blöße geben. X-mal hat man sich diese Szene schon in den leuchtendsten Farben ausgemalt und nun ist es doch so ganz anders. Von Romantik keine Spur, man fühlt sich körperlich und seelisch angespannt. Das vertraute Kuscheln und Küssen erregt, sodass man die Scheu wieder ein wenig in den Griff bekommt. Der Junge streichelt, betastet den Busen und greift unter den Slip. Die Bewegungen sind hastig, ungelenk. Dem Mädchen ist anfangs gar nicht wohl dabei. Sie weiß nicht, ob er ihren Körper schön genug findet, sie denkt an dieses und jenes, was sie an ihrer Figur auszusetzen hat. Sie will ihm gefallen, alles richtig machen und fühlt sich überhaupt nicht locker. Sie spürt seinen steifen Penis und erlebt widersprüchliche Gefühle. Sie ist begierig endlich zu erfahren, wie das wirklich ist, was sie sich so oft ausgemalt hat. Sie möchte ihn ganz toll spüren, gleichzeitig hat sie Angst vor diesem Augenblick. Sie fühlt sich großartig, weil es nun endlich so weit ist, aber sie fühlt sich auch ganz klein in ihrer Unerfahrenheit. Jetzt hat sie ihn ganz für sich und doch fühlt sie sich in diesem Augenblick auch wieder völlig einsam. Viele Gedanken schießen ihr durch den Kopf, sie ist verkrampft. Er dringt ein, sie verkneift den kurzen Schmerz. Während er in ihr hin und her schiebt und stößt, versucht sie mit der Enttäuschung fertig zu werden und sich nichts davon anmerken zu lassen.

Spätestens jetzt hängt es von dem echten Liebhaben, von den zärtlichen Gefühlen füreinander ab, ob sich die Situation entspannt und die verständlichen Anfangsschwierigkeiten überwunden werden können. Wenn es gelingt, sich auf den anderen liebevoll einzustellen, dann löst sich die Verkrampfung und der Geschlechtsverkehr kann doch noch zum schönen Ereignis werden.

Der Junge steht unter Leistungsdruck. Er muss seinen Mann stellen. Er fühlt sich so gar nicht sicher dabei. Der Frauenkörper ist ihm relativ fremd. Er weiß, dass man die erogenen Zonen (besonders empfindsame Körperstellen, die leicht stimuliert werden können und allgemein erregend wirken) streicheln soll. Doch ist ihm nicht ganz klar, wo sich diese überall befinden. Er schleckt an den Brustwarzen, fingert an ihrer Scheide herum und reibt an der Klitoris (dem Kitzler). Seines Erachtens nach reagiert sie viel zu wenig auf seine Bemühungen. Er erhält dadurch keine Orientierungshilfe bezüglich ihrer wichtigsten erogenen Zonen. Er muss sich kundig erweisen und potent zeigen, sein Glied darf ihn nicht im Stich lassen und vielleicht zwischendurch schlappmachen. Es wäre schrecklich, zu versagen. Er sammelt all seine Kräfte und strengt sich enorm an. Er fragt das Mädchen, ob sie Angst habe. Am liebsten würde er ihr eingestehen, dass auch er sich nicht so cool dabei fühlt. Das Mädchen ist nicht locker und feucht genug in der Scheide. Das Eindringen erfordert einige kräftige Stöße. Er kommt ins Schwitzen. Endlich ist es gelungen, die Aufregung macht der Erregung Platz, er ist nun ganz seinem Trieb hingegeben. Er kommt schnell (eher viel zu schnell) zum Samenerguss. Damit ist die Sache für ihn gelaufen. Verlegen blickt er auf das Mädchen und weiß nicht, was er nun zu ihr sagen, wie er in der Situation des „Nachher" reagieren soll. Er steht auf, gibt sich cool und überspielt die Unsicherheit.

(Wenn er zu den feigen, egoistischen Typen zählt und sich beim Geschlechtsverkehr eher nicht erfolgreich gefühlt hat, dann wird er jetzt noch dem Mädchen die Schuld an der Enttäuschung geben. Nur um nicht selbst als toller Liebhaber in Frage gestellt zu werden, wird er sie gleich oder im Nachhinein anderen gegenüber als Niete, als Versagerin, als unattraktive, langweilige Ziege bezeichnen.)

Um den Geschlechtsverkehr in einem gemeinsamen „Nachher" schön ausklingen zu lassen, ist es auch für den Jungen wichtig, sich auf die liebevollen Gefühle, die er zu dem Mädchen hat, zu besinnen und diese in Zärtlichkeit umzuwandeln. Das Mädchen fühlt sich dann nicht benützt, beide können beim „zweiten Mal" einen problemloseren Anfang erwarten.

Wenn ihr gut befreundet seid, euch wirklich lieb habt, dann wird wahrscheinlich schon das „zweite Mal" deinen bislang erträumten Vorstellungen über das schöne Erlebnis beim Geschlechtsverkehr entsprechen.

Je besser du deinen eigenen Körper kennst, desto eher gelingt es dir, dich beim Geschlechtsverkehr richtig einzubringen. Du darfst nicht nur, du sollst auch dem Partner, der Partnerin Hinweise geben, wo du gestreichelt werden möchtest und wo nicht, wie fest oder wie zärtlich die Berührungen sein sollen. Jeder Mensch reagiert unterschiedlich. Der andere kann daher nicht genau über dich Bescheid wissen. Es braucht dir nicht peinlich zu sein, wenn du Hinweise (keine kalten Anweisungen!) gibst, sie helfen euch beiden den Geschlechtsverkehr intensiver zu erleben, da ihr euch dabei aufeinander einstellen lernt.

Die richtigen Hinweise kannst du nur dann geben, wenn dir dein Körper gut vertraut ist. Die Kenntnisse über die sexuellen Reaktionen des Körper erhältst du auch durch Masturbieren, durch Onanieren, also durch Selbstbefriedigung.

(Eigenartigerweise spricht man eher offen über den Sexualakt als über die Selbstbefriedigung. Dieses Thema scheint noch ein wenig tabuisiert, mit mehr Peinlichkeit belegt zu sein, obwohl die meisten Menschen zumindest im Single-Dasein ihrem natürlichen Trieb nachgeben und sich selbst befriedigen.)

Wenn der Sexualtrieb erwacht, dann drängt es Mädchen wie Jungen dazu, ihm nachzugeben. Natürlich soll man nicht Sklave seines Triebes sein, von ihm abhängig werden. Man muss auch lernen, ihn unter Kontrolle zu halten. Das gelingt durch Ablenkung, durch konzentriertes Denken an andere Dinge. Wenn man will, vermag der Geist über den Körper zu siegen.

Aber das heißt nicht, dass man sich deshalb kasteien, auf die körperliche Befriedigung total verzichten muss. Das Ziel ist nicht nur die unmittelbar angenehme Entspannung, sondern auch das Vetrautmachen mit den eigenen sexuellen Regungen, um in der Partnerschaft körperlich leichter zusammenzufinden. Du brauchst dich nicht dafür zu schämen, wenn du die durch den Sexualtrieb entstehende innere Spannung durch Selbstbefriedigung entlädst, wenn du deinen Körper, die erogenen Zonen erforschen und deine sexuellen Reaktionen kennen lernen möchtest.

Homosexualität

Felix, 13 Jahre
Mich erregt ein steifer Penis mehr als der nackte Körper einer Frau. Sind das vielleicht Anzeichen, dass ich schwul

bin? Oder könnte es daran liegen, dass ich begonnen habe, mich selbst zu befriedigen und mit einem Mädchen noch keine Erfahrung habe? Mit meinen Eltern möchte ich nicht darüber reden, es ist mir peinlich.

Maxi, 16 Jahre
Mein Freund und ich wissen nicht mehr weiter. Wir sind schwul. Mein Freund streichelte einmal meinen Penis und ich kam zum Orgasmus. Am nächsten Tag küssten wir uns auf der Schultoilette. Da sah uns jemand aus der Parallelklasse und erzählte es herum. Jetzt sind alle gegen uns und sagen, wir seien „Lustbolzen, die kein Weib abkriegen". Wir werden als Schwuchteln bezeichnet und bespuckt.

Andrea, 14 Jahre
Ich liebe meine Nachhilfelehrerin. Ich möchte immer in ihrer Nähe sein. Wenn sie mich berührt, dann wird mir ganz heiß und ich habe Schmetterlinge im Bauch. Wenn sie zu Hause bei ihrem Mann ist, stelle ich mir vor, was sie im Bett machen, und ich werde furchtbar eifersüchtig. Heißt das, dass ich lesbisch bin?

Yvonne, 17 Jahre
Ich habe schon oft mit Jungs herumgeschmust und das ganz nett gefunden. Jetzt habe ich eine Freundin kennen gelernt, wir haben uns ineinander verliebt. Wenn wir uns küssen, ist das so ganz anders als mit den Jungs. Jetzt weiß ich, dass ich schon immer lesbisch gewesen bin und ich möchte auch gar nicht anders sein. Ich habe nur Angst, wie meine Eltern darauf reagieren werden. Ich glaube, sie ahnen bereits etwas.

Warum sich jemand von einem gleichgeschlechtlichen Partner erotisch angezogen fühlt und die sexuelle Erfüllung nur in einer gleichgeschlechtlichen Beziehung findet, dafür gibt es mehrere Erklärungen. Einige Wissenschaftler meinen, dass Homosexualität genetisch, also erblich bedingt sei, andere wiederum sehen sie als Resultat eines Lernprozesses, in dem man meist schon von Kindheit an durch bestimmte Erfahrungen und Bindungen geprägt wird.

Im hormonellen Erwachen der Pubertät beschäftigt sich der Jugendliche sehr mit dem eigenen Körper, die sexuellen Regungen werden „geil" und somit aufwühlend erlebt. Daher empfindet er beim Anblick gleichgeschlechtlicher Geschlechtsorgane einen ebensolchen sexuellen Reiz.

Im Chaos der sexuellen und seelischen Vorgänge während der Pubertät fühlen sich Jugendliche allgemein unsicher, irritiert und suchen Halt, indem sie sich an eine vertraute Person binden. So eine vertraute Person findet sich meist im gleichgeschlechtlichen Freundeskreis. Die starke Bindung führt dazu, dass sich viele nicht nur seelisch, sondern auch erotisch von ihr angezogen fühlen.

Seelische Vorgänge sind immer mit Körperreaktionen verbunden. Zuneigung für jemanden zu empfinden, ihn/sie zu bewundern, für ihn/sie zu schwärmen, sich geborgen und verstanden zu fühlen, das sind tiefe Erlebnisse, die in dem unsicheren, labilen Seelenzustand als Stütze dienen. Dazu kommen noch Sehnsüchte, Wunschträume, Fantasien, denen man sich seelisch und körperlich hingeben möchte.

Dieses intensive Empfinden besagt noch nicht, dass du deshalb schwul oder lesbisch bist, selbst dann nicht, wenn dieses Gefühl zu intimeren körperlichen Berührungen geführt hat. Ob du aufgrund deiner homoerotischen Gefühle homosexuell bist, kannst du also während der Pubertätskrise noch nicht mit Sicherheit feststellen. Wenn du später nach wie vor merkst, dass du dem anderen Geschlecht generell eher kumpelhaft bzw. neutral gegenüberstehst, dich hingegen zu einer gleichgeschlechtlichen Person mit jeder Faser deines Körpers hingezogen fühlst, dann ist doch anzunehmen, dass du homosexuelle Neigungen hast.

Obwohl jeder vernünftige Mensch weiß, dass Homosexuelle weder kranke noch gestörte, noch abnormale Menschen sind, werden sie dennoch von vielen missachtet, da sie in der sexuellen Neigung nicht der üblichen Norm entsprechen. Die Menschen neigen dazu, allem, was aus dem gewohnten Rahmen fällt und daher unbekannt ist, skeptisch zu begegnen, es abzulehnen, sich darüber lustig zu machen. Deshalb braucht der Homosexuelle psychische Kraft und Sicherheit in seiner Neigung, um offen zu seiner Lebensart stehen zu können; er soll sich nicht aus Angst vor der negativen Reaktion anderer gezwungen sehen, sie verbergen zu müssen.

Es ist nicht immer einfach, die Eltern über diese Neigung zu informieren. Selbst für verständnisvolle, tolerante Eltern ist so ein Geständnis ihres Kindes zuerst einmal ein Schock. All die üblichen Vorstellungen der Eltern über die Zukunft des Kindes werden plötzlich zur Utopie. Ihnen ist bewusst, dass sich ihr Kind dadurch einen schwierigeren Lebensweg gewählt hat. Sie brauchen Zeit, um sich darauf einstellen zu können.

Hilf ihnen dabei. Sprich offen über deine Gefühle, zeig, dass du dich ernsthaft mit dieser Lebensform auseinander setzt, dass du nicht kritiklos in der Wahl der Partner bist. Sie sollen erleben, dass du deshalb nicht „anders" bist, dass sie dir weiterhin vertrauen dürfen. Das Verständnis der Eltern ist eine wichtige Stütze. Wenn sie jedoch aufgrund ihrer Erziehung und Prägung nicht imstande sind, Homosexualität umzubewerten und sich deshalb von deiner Lebensform abwenden, dann suche die Gespräche im Freundeskreis. Zu sich und seiner Neigung zu stehen, von Freunden akzeptiert zu sein, das hilft die immer wieder auftretenden Hürden der Intoleranz leichter zu überwinden.

Sexueller Missbrauch, Vergewaltigung

Birgit, 13 Jahre
Ich habe einen Schüler aus der Oberstufe verpetzt. Er hat mich bei jeder Gelegenheit am Po berührt oder mich am Oberschenkel gestreichelt und einmal sogar in die Brust gezwickt. Deshalb fand ich es richtig, das der Direktorin zu erzählen. Doch nun komm ich mir so schäbig vor. Ich hatte ihm oft genug gesagt, dass er mich in Ruhe lassen soll. Er lachte nur. Ich fühle mich nicht nur so mies, weil ich es der Direktorin gesagt habe, sondern auch, weil ich mir benützt, gebraucht, sexuell belästigt vorkomme. Ich weiß, dass ich von den Dingen nicht viel Ahnung habe, aber mein Gefühl sagt mir, dass es doch richtig war, mir das nicht gefallen zu lassen. Gleichzeitig fühle ich mich aber schäbig. Ich erzähle das alles nur, weil ich jemanden brauche, der mich versteht. Ich möchte mich wertvoll fühlen können.

Monika, 14 Jahre
Mein Problem beginnt damit, dass jemand aus meinem Verwandtenkreis in mich verliebt ist. Das Schlimme daran ist, dass er sehr viel älter und verheiratet ist und einen Sohn hat. Dieser Mann fummelt an mir herum, seit ich zwölf Jahre alt gewesen bin. Jedes Mal, wenn ich mich zu wehren versuche, wird er aggressiv. Ein guter Freund, dem ich das alles erzählte, sagte mir, dass das schon fast Vergewaltigung ist und ich ihn deshalb anzeigen sollte. Aber das hätte keinen Sinn, er würde doch alles abstreiten. Ich glaube nicht, dass mir wer helfen kann. Ich habe schon mehrere Selbstmordversuche hinter mir. In der Schule schreibe ich schlechte Noten und bin immer schlecht gelaunt. Ich bin ratlos.

Kerstin, 13 Jahre
Ich weiß nicht mehr weiter! Ich bin in einem Internat, zum

Glück, denn zu Hause würde ich es nicht mehr aushalten. Immer wenn ich mit meinem Vater allein war, belästigte er mich. Jetzt, wo ich im Internat bin, merke ich erst, wie groß mein Schock darüber ist. Ich habe jede Nacht Alpträume und erschrecke vor jedem Fremden. Ich habe mich den Erziehern anvertraut. Die stellten meinen Vater zur Rede. Er stritt alles ab. Jetzt werde ich von allen als Lügnerin hingestellt. Ich brauche jemanden zum Reden.

Jutta, 13 Jahre
Als ich einmal bei meinem 19-jährigen Cousin übernachtete, sagte er plötzlich: „Ich liebe dich!" und küsste mich. Es wurde immer erotischer und wir schliefen miteinander. Seit dieser Nacht redet er nicht mehr mit mir. Ich habe Angst, dass ich schwanger sein könnte. Ich trau mich nicht, den Eltern davon zu erzählen. Ich schäme mich so, dass ich das gemacht habe.

Stefan, 12 Jahre
Ich halte es nicht mehr aus. Wenn das so weitergeht, renne ich davon. Mein älterer Halbbruder zwingt mich, seinen Penis zu lutschen. Ich muss dabei lustvoll stöhnen und seinen Samen schlucken. Wenn ich das nicht mache, schlägt er mich. Ich kann das niemandem in meiner Familie erzählen. Ist das bei Jungs auch Vergewaltigung?

Wann immer du von jemandem ohne dein absolutes Einverständnis intim berührt wirst, am Po betatscht, auf der Brust gestreichelt wirst, ist das als sexuelle Belästigung anzusehen. Das Ausgreifen, das „Spielen" mit deinen Geschlechtsteilen, der Zwang, den anderen zu küssen und sexuell zu erregen, ist sexueller Missbrauch.
Wirst du zum Geschlechtsverkehr genötigt, dann ist das eine Vergewaltigung. Gegen all diese Übergriffe schützt dich das

Gesetz. Das Recht ist in jedem Fall auf deiner Seite, und du sollst dieses Recht auch in Anspruch nehmen!

Leicht gesagt, schwer getan! Jedes Opfer hat Angst vor dem Täter, vor der Reaktion der anderen. Es schämt sich, fühlt sich irgendwie mitschuldig, fürchtet, dass man es missachtet, ihm keinen Glauben schenkt, vielleicht sogar Vorwürfe macht. Es fühlt sich schwach, ausgeliefert, beschmutzt und völlig allein gelassen. Ein furchtbar belastender Zustand!

Wenn es sich bei dem Täter um einen nahen Verwandten handelt, kommt bei manchen noch ein quälender Konflikt dazu: Man möchte dieser Person nicht schaden, sie nicht zum Feind haben, man möchte nur in Ruhe gelassen werden und weiß nicht, wie man das anstellen soll. Oder man erlebt vielleicht, dass man nur über die sexuellen Handlungen lang ersehnte Zärtlichkeit und liebevoll erscheinende Zuwendung erhält, die man nicht verlieren, aber auch nicht auf diese Weise empfangen möchte. Oder man erlebt, dass man plötzlich wichtig geworden ist und ein bisschen Macht gewonnen hat, fühlt aber, dass der Preis, den man dafür zahlen muss, schwer auf der Seele lastet. Der Konflikt macht es noch schwieriger, sich zu behaupten und gegen den Täter vorzugehen.

Sich dem Täter rechtzeitig zu widersetzen ist sicher in keinem Fall sehr leicht. Du brauchst dich also nicht schuldig zu fühlen, wenn du nicht gleich entsprechenden Widerstand geleistet hast.

Behalte diesen Vorfall auf keinen Fall für dich! Überwinde die Angst oder die Scham und vertrau dich unbedingt jemandem an. So schwer dir das auch fallen mag, die seelische Belastung, unter der du als Opfer stehst, ist weitaus schlimmer!

Meist geht der Täter geschickt erpresserisch vor. Er versucht das Opfer willfährig zu machen, indem er ihm Angst einjagt oder verlockende Versprechungen macht. Oder er überrumpelt es ganz einfach, nützt die Abhängigkeit und Unerfahrenheit des Opfers aus. Kalt berechnend übt er Macht aus, sei es nun durch massiven Druck oder als „Wolf im Schafspelz", der das Opfer mit zärtlichen Worten gefügig macht.

Die Täter geben sich stark, sind aber nichts anderes als feige Schwächlinge. Auch sie haben Angst, Angst davor, dass ihre Umgebung davon erfahren könnte. Deshalb erkaufen oder erzwingen sie dein Schweigen. Lass dich nicht bluffen, nicht erpressen! Schrei ihm *sofort* dein „Nein" mit fester Stimme entgegen.

Wenn der Täter aus der Familie oder aus dem Bekanntenkreis stammt, dann befürchte keine Nachteile, wenn du ihm seine intimen Annäherungen energisch verwehrst. Nütze die Schwäche, die Feigheit des Täters. Mach ihm sofort klar, dass du überall herumerzählen wirst, was er getan hat oder tun hätte wollen.

Wenn er sagt, dass dir niemand glauben und er alles abstreiten wird, erwidere: „Ich erzähle es trotzdem allen. Irgendwer wird mich schon ernst nehmen. Außerdem gibt es Jugendschutzzentren, die verpflichtet sind, sich auf meine Seite zu stellen."

Lass dich also nicht einschüchtern! Nimm alle Kraft zusammen und beharre darauf, dass du den Vorfall nie und nimmer geheim halten wirst. Der Täter scheut ganz sicher die für ihn daraus entstehenden Konsequenzen und hat zumindest die Macht über dich verloren. Das ist deine Chance. Nütze sie ungeniert.

Wenn deine Verwandten, deine Lehrer, aus welchem Grund auch immer, dir nicht glauben und nicht helfen, dann gib nicht gleich auf. Wende dich unverzüglich an eine offizielle Stelle, wie Jugendamt, Jugendschutzzentrum, „Rat auf Draht", „Kummer-Nummer", Kinder- und Jugendberatungsstellen oder Ähnliches. Die entsprechenden Telefonnummern findest du im Telefonbuch. Du wirst sicher in einer dieser Organisationen jemanden finden, der dich versteht und voll für dich eintritt.

V. KAPITEL

AUSSENSEITER

„Mich kann niemand leiden": der Außenseiter

Julia, 15 Jahre

Ich weiß, ich habe früher „Fehler" gemacht, weil ich meine Gefühle zu offen zeigte, das Falsche zum falschen Zeitpunkt sagte, mich nicht an die anderen anpasste. Ich versuchte mich zu bessern und habe es auch geschafft, ehrlich. Aber das wollten die in meiner Klasse gar nicht, denen war und ist das völlig gleichgültig. Ich bin Freiwild, auf dem jeder herumhacken kann. Ich bin und bleibe Außenseiter. Ich rede nicht von den Scherzen, die auf meine Kosten gehen, nein, ich rede von der seelischen Qual. Man nannte mich „Stinker", nur weil ich in Turnen einmal stark geschwitzt hatte. Jetzt ist dauernd mein Federpennal versteckt, meine neue Jacke hinter den Kasten geschmissen. In gewissen Stunden werde ich mit Papierkügelchen beworfen, meine Hausschuhe werden mit Limonade bespritzt usw.

Ich habe nie jemandem ernsthaft weh getan, noch nie jemanden gedemütigt. Das machen sie nur mit mir, nur mit mir, nur mit mir!! Und warum? Weil keiner hinter mir steht, weil ich allen egal bin, weil sie was zum Lachen brauchen, weil ich für niemanden wirklich wichtig bin, außer sie wollen etwas von mir. Ich helfe vielen mit Erklärungen, weil ich in der Schule eine der Besten bin.

Ich weiß nicht, was ich tun soll. Wehre ich mich, lachen sie mich aus, wehre ich mich nicht, dann machen sie noch ärger weiter. Was geht in solchen Jungs und Mädchen vor, dass sie mich ausschließen, ärgern, demütigen und nur ausnützen?

Bin ich wirklich so ein schlechter Mensch? Habe ich überhaupt das Recht, geliebt zu werden, mich zu verlieben, gemocht, geschätzt zu werden, also zu leben?! Ich schimpfe mich selbst aus, wenn ich so einsam und verzweifelt bin und an Selbstmord denke. Ich will das nicht tun, ich will leben, aber wie?! Jetzt weine ich. Das ist sicher besser, als den Frust zu schlucken, aber ich komme mir dabei doch weich und zu weinerlich vor.

Yvonne, 13 Jahre
Mein Problem ist, ich bin hässlich, fett und sehr unbeliebt. Die Jungs spotten mich aus und die Mädchen sagen, dass ich langweilig bin. Niemand möchte sich mit mir abgeben. Ich halte das nicht aus, ich bin ja sooo unbeliebt! Ich schäme mich, dass ich hässlich bin, nur deswegen wirke ich vielleicht langweilig.

Dominik, 14 Jahre
Ich werde von der Klassengemeinschaft ausgestoßen! Ich habe keinen einzigen Freund oder Freundin. Im Turnen bleibe ich beim Wählen immer übrig. Die Klassenkameraden sagen zu mir „Behinderter" oder „Du gehörst in die Lebenshilfe". Warum werde ich ausgestoßen? Kann es sein, weil mein Familienname so eigenartig klingt? Oder ist es, weil mein Hobby Eisenbahnen sind und ich mit einigen Lehrern darüber rede?

Dominik, 17 Jahre
Bis zum letzten Schuljahr war alles in Ordnung. Dann wechselte ich die Schule. In der neuen Klasse war der Großteil älter als ich. Sie hatten nur Interesse für Mädchen und Alkohol. So wurde ich zum Außenseiter. Ich sank daraufhin schulisch enorm ab und fürchtete mich vor jedem Schultag. Es ging mir sauschlecht und ich fragte mich,

welchen Sinn mein Leben hat. Ich schaffte den Aufstieg nicht, und mein Vater steckte mich in ein streng katholisches Internat. Dort war es besonders schlimm. Erst später erkannte ich, dass man mit jedem Neuling so brutal umgeht, wie z. B. Schamhaare abrasieren, in den Brunnen tauchen. Ich konnte auch hier keinen Anschluss finden und war wieder der Außenseiter. Ich entwickelte Hassgefühle gegen mich und alle anderen. Mein Vater nahm mich aus dem Internat und ich kam wieder in meine alte Schule. Plötzlich war die Situation ganz anders. Einige Jungs sprachen mit mir. Ich bekam Freunde. Jetzt bin ich kein Außenseiter mehr. Aber wenn ein fremdes Mädchen mich anspricht, dann werde ich wieder so unsicher, obwohl ich weiß, dass ich gut aussehe. Ich fühle mich dann wie in der Zeit als Außenseiter. Ich helfe mir jetzt auch mit Alkohol. Ich weiß, das ist keine Lösung für mein Problem.

Julia, 14 Jahre
Ich bin für die anderen wie eine Aussätzige. Für mich interessiert sich keiner. Ich werde als Knochengerüst bezeichnet und „Knochi" gerufen. Wenn ich etwas erzählen möchte, heißt es: „Wen interessiert das schon!" Sie sind nur nett zu mir, wenn sie etwas haben wollen. Wenn es beim Schikurs um die Zimmereinteilung geht, bin ich immer die Letzte, auch bei Gruppenarbeiten. Viele in unserer Klasse tragen Markenkleidung. Ich habe nur zwei Marken-Jeans, mehr kann ich mir nicht leisten. Sie verspotten mich deswegen. Auch finden sie meine Frisur kindisch, weil ich lange Haare habe, die ich zu einem Schwanz gebunden habe. Sie finden es auch uncool, dass ich mich nicht schminke. Sie sagen, ich bin genauso blöd, wie ich aussehe. Ich hätte gern einen Freund, mit dem ich Spaß haben und mich aussprechen kann. Ich kenne da einen Jungen, der mir gefällt. Aber ich habe Angst, dass er mich auch unsympathisch findet. Des-

halb trau ich mich niemanden anzusprechen, auch kein Mäd-
chen. Ich habe schon Panik davor, wieder abgelehnt zu
werden. Was soll ich noch auf dieser Welt?!

Ausgestoßen sein tut weh

Es tut irrsinnig weh, nicht akzeptiert, nicht anerkannt zu sein.
Angst, Verzweiflung, Einsamkeit, Depression und Aggression
rauben jegliche Kraft. Deine Unsicherheit, Schüchternheit und
deine Selbstzweifel hemmen dich total. Sie verhindern, dass du
dich von dummen, teils unbedachten, teils gemeinen Bemerkungen distanzieren und Kontakt mit feinfühligeren Mitschülern aufbauen kannst. Du hast vielmehr schmerzlich erfahren,
dass du entweder ignoriert oder abgelehnt wirst, wenn du
Kontaktversuche wagst. Du hast Panik vor dieser Ablehnung
und verbirgst dich daher so oft wie möglich hinter dem ver-
meintlichen Schutzwall der Isolation. Der Rückzug bewirkt,
dass die anderen dich als langweilig, desinteressiert, überempfindlich und als „freiwilligen" Außenseiter erleben. Dein sperri-
ges Verhalten und einige im Grunde bedeutungslose Äußerlichkeiten (Name, Kleidung, Frisur, Figur, Hobbys etc.), die nicht
der Norm der Klasse entsprechen, nehmen die Mitschüler zum
Anlass, dir ein „Selber schuld!" entgegenzuschleudern. Sie
denken nicht darüber nach, wie verletzend und ungerecht sie
zu dir sind. Sie glauben, es liege an dir, dass du nicht zur
Klassengemeinschaft gehörst, und kommen dir daher nicht
entgegen. Du bist für sie eben „anders", jemand, der nicht zu
ihnen passt, ohne dass sie überlegen, wodurch und wieso.
Schwache, im Denken eingeengte Menschen haben fast immer
Probleme mit solchen, die nicht den allgemeinen Erwartungen,
der Durchschnittsnorm entsprechen, die sich in irgendeiner
Form von der Masse abheben (z. B. besonders gute Schüler
sind, außergewöhnliche Interessen haben, sich nicht „trendy"
kleiden). Sie erkennen nicht, dass das „Anderssein" sich nur
auf Teilbereiche bezieht, dass es trotzdem genügend Anknüp-

fungspunkte gäbe, die für sie sogar menschlich bereichernd sein könnten. Jemanden auszuschließen, ihn abzulehnen, ist für engstirnige oder oberflächliche Menschen einfacher als mit dem vordergründigen „Anders-Sein" verständnisvoll umzugehen.

Es ist schon schlimm genug, wenn dich ein, zwei Schüler quälen. Aber wenn du noch dazu keinen Kollegen hast, der zu dir hält, wenn du isoliert in der Klasse bist, dann wird jeder Schultag für dich zum Horrortrip. Du bist verzweifelt, verängstigt, siehst keinen Ausweg, und dadurch wirst du erst wirklich „anders" als die anderen, die unbekümmert, locker, anpassungsfähig mit den Mitschülern in Kontakt treten können. Du scheinst in einem Teufelskreis gefangen zu sein.

Betrachte dein Außenseiterdasein nicht als unabänderliches Schicksal. Lass nicht andere über dein Leben bestimmen! Mach zumindest den Versuch, diesen Teufelskreis zu durchbrechen. Ich kann dir nicht garantieren, dass sich deine Mühe noch in dieser Klasse lohnen wird. Welche Chancen du hast, hängt nicht allein von dir, sondern auch davon ab, welchen Einfluss deine Gegner auf die anderen haben.

Wenn generell in deiner Klasse unkollegiales, desinteressiertes Verhalten zueinander vorherrscht und du dort als Außenseiter abgestempelt bist, wirst du in dieser Klasse kaum deiner Isolation entfliehen können. In so einem Extremfall solltest du die Schule wechseln und deine Chancen durch einen neuen Start verbessern. Dein Bemühen ist aber auch in diesem Fall nicht vergebens gewesen, denn du hast dich nicht im Kummer vergraben, sondern begonnen aktiv für dich einzutreten.

Wie du dein Selbstwertgefühl aufbaust

Wie schaffst du den schwierigen Schritt aus der verzweifelten Ohnmachtsposition zur aktiven Selbsthilfe?

Zuallererst musst du dich stärken. Du bist lange Zeit hindurch total unglücklich und verzweifelt gewesen. Die vielen Enttäuschungen haben dich verunsichert und deine Komplexe genährt. Du fühlst dich daher schwach, es gelingt dir nicht, dich zu ermutigen. In diesem Zustand kannst du dich höchstens kurzfristig gegen die Ungerechtigkeit aufbäumen, dich zur Wehr setzen, dich rächen. Aber es fehlt dir die Kraft, die Situation wirklich zu bewältigen. Diese Kraft kannst du nur aus dem Selbstwertgefühl beziehen.

Ich kann mir vorstellen, dass du diese Tatsache nun nicht gläubig mit einem erleichterten „Aha!" zur Kenntnis nimmst. Viel wahrscheinlicher ist es, dass du dich sperrst, weil du meinst, für dich habe das alles keinen Sinn, bei dir gebe es sicher nichts zu finden, was dich zu einem echten Selbstwertgefühl brächte. „Wie soll ich an mich glauben, wenn mich niemand mag, wenn ich allen gleichgültig bin, wenn ich bei nichts und niemandem Erfolg habe! Ich hasse mich manchmal schon selbst! Wenn die anderen netter zu mir wären, wenn ich Freunde hätte, dann würde ich mich sicherer fühlen und könnte vielleicht ein Selbstwertgefühl aufbauen. Aber so . . .?!"

Dieses resignierte Abblocken ist verständlich. Als Außenseiter weißt du, dass die anderen unfair sind, dass sie dir keine Chance geben. Aber da du keine ausreichende Erklärung dafür findest, warum dieses gemeine Verhalten gerade dich trifft, ziehst du den Schluss daraus: „Es muss an mir liegen!" Diese Einstellung würgt jeden Versuch, zu Selbstwertgefühl zu kommen, von vornherein ab. Wenn du ein guter Beobachter bist, dann weißt du, dass andere, die leicht Kontakte schließen, keineswegs nur fehlerlos, nur sympathisch sind. Der Unterschied zu dir besteht darin, dass sie lockerer auftreten, weil sie sich nicht so unsicher fühlen. Insofern hast du also Recht zu glauben, die Ablehnung der anderen liege an dir, du trittst zu unsicher, zu gehemmt auf. Die Hemmungen sind dir aber nicht wie ein schwerer Höcker angewachsen, von dem du dich nicht befreien kannst. Sie sind dir durch schlechte Erfahrungen, durch mangelnde Anerkennung angelernt worden, sie werden durch deine negative Einstellung zu dir selbst aufrechterhalten, und durch die ablehnenden Reaktionen der anderen auf dein gesperrtes Verhalten wirst du in diesem Gefühl auch noch bestätigt.

Du kannst die Hemmungen jedoch nach und nach abschütteln, indem du an dich glauben lernst. Du musst nur vorerst einmal erkennen, dass du nicht weniger positive Charaktermerkmale aufzuweisen hast als andere, die erfolgreicher sind. Das kann dir nicht allzu schwer fallen, denn im Grunde weißt du sicher, dass du dich nicht ernsthaft als miesen, herzlosen Typen oder als oberflächlichen, völlig desinteressierten Menschen bezeichnen kannst. Denk nun nicht, dass das, was du eigentlich positiv an dir findest, nicht zählt, da die anderen es keineswegs so werten. Dass die anderen es nicht erkennen oder nicht zu schätzen wissen, liegt daran, dass ein paar gedankenlose, dominante Wichtigmacher dich „abgestempelt" haben, oder/und daran, dass du aus Unsicherheit deine Vorzüge nicht zu präsentieren verstehst.

Du hast die Rückmeldung der anderen nur in der Form, dass du ausgenützt wirst, dass man dich nur beachtet, wenn man etwas von dir braucht. Das ist natürlich ein negatives Erlebnis. Aber selbst darin lässt sich ein positiver Anteil finden: Die anderen sind egoistisch, sie verschaffen sich durch dich einen Vorteil. Würden sie das jedoch bei einem Versager, einer Niete tun können? Sie würden das bei so einer Null gar nicht erst versuchen, da sie wissen, dass von ihr nicht zu profitieren ist. Sie würden eine Null, einen Niemand völlig ignorieren, also nicht einmal durch Verspotten beachten. Wenn du der Sache auf den Grund gehst, kannst du sogar aus einer so negativen Situation ein wenig Selbstwertgefühl schöpfen.

Du verstehst sicher, dass du ohne Selbstwertgefühl aus deinem Schlamassel nicht herausfinden kannst und dass es dir auch in dieser schwierigen Situation möglich sein müsste, daran zu arbeiten. Entscheide du, ob du dein Schicksal selbst in die

Hand nehmen möchtest oder es weiterhin von gedankenlosen und gemeinen Schwächlingen bestimmen lassen willst!

Betrachte die anderen

Wie du dein Selbstwertgefühl aufbauen sollst, das hast du in diesem Buch schon im ersten Kapitel (ab Seite 21 ff.) erfahren. Du weißt auch, dass du auch den nächsten Schritt selbst in Angriff nehmen musst, und zwar deinen kritischen Blick nicht mehr nur auf dich, sondern vor allem auf die anderen zu werfen. Erforsche, welche Schwäche sich hinter ihrem Verhalten verbirgt, welche Mängel du bei ihnen entdecken kannst. Finde heraus, was dem einen oder anderen wichtig ist, warum sie diesen oder jenen Stellenwert haben oder suchen. Beobachte, wie die anderen miteinander umgehen, wie sie reagieren. Erkenne, wer als echter Gegner, wer als feiger Mitläufer anzusehen ist und wer bei der Front gegen dich nie mitgemacht hat.

Bei all den Beobachtungen wirst du die anderen besser einschätzen lernen und erfahren, dass sie gar nicht so weit über dir stehen, wie sie es dir vorgemacht haben und du es geglaubt hast. Du wirst erleben, dass viele Mitschüler auch unsicher sind, dies nur besser kaschieren können. Du wirst entdecken, dass es doch einige in deiner Klasse gibt, die feinfühlig sind und zu dir passen könnten. Diesen musst du die Chance geben, dich so kennen zu lernen, wie du wirklich bist. Das gelingt dir, indem du dich dem nächsten Ziel zuwendest: dich offen zu zeigen, auf die anderen zuzugehen, auf sie einzugehen. Wie du dich diesem Ziel in kleinen Schritten annäherst, das weißt du bereits aus dem Selbstwertgefühlstraining (siehe Seite 30 ff.).

Du hast entdeckt, dass du durch dein Verhalten oft anders wirkst, als du bist und daher leicht falsch eingeschätzt wirst. Es ist dir nun sicher aufgefallen, dass es dir bei anderen ähnlich ergeht, dass auch du von ihnen oft einen falschen Eindruck bekommen hast. Durch das genaue Beobachten hast du viele

Mitschüler besser kennen gelernt und besonders bei den sensibleren sympathische Züge erkannt.

Dein Selbstwertgefühl ist bereits ausreichend zu spüren, du fühlst dich nicht mehr so schwach, nicht mehr so „anders" als die anderen, die Kluft zwischen dir und den meisten Mitschülern ist nicht mehr vorhanden. Du hast dir einige nette Jungen oder Mädchen aus deiner Klasse als erste Kontaktpersonen ausgewählt. Vor ihnen brauchst du keine Scheu mehr zu haben, da sie dir bereits vertrauter geworden sind und du ihr Verhalten, ihre Reaktionen besser zu deuten verstehst.

Du weißt, dass es genügend Bereiche gibt, in denen ihr Gemeinsamkeiten entdecken und Anknüpfungspunkte finden könnt. Du brauchst dich nicht einzuschmeicheln, nicht anzubiedern, es genügt, wenn du mehrmals das Wort an sie richtest, Fragen stellst und vor allem an ihnen und ihren Gesprächen Interesse zeigst. Sieh dich nicht genötigt, attraktive Beiträge, spannende Berichte, lustige Erzählungen beitragen zu müssen. Es reicht durchaus, wenn du dich als Zuhörer beteiligt zeigst und mit einigen Bemerkungen deine Meinung zu diesem oder jenem Thema offenbarst. Du hast bereits die Hemmung abgeschüttelt, dass du nichts zu sagen weißt, dass deine Meinung wahrscheinlich als dumm betrachtet wird. Es ist dir klar, dass du normal denken kannst und daher keinen Schwachsinn von dir geben wirst. Es ist dir bewusst, dass es zu jedem Thema unterschiedliche Auffassungen geben kann, dass das aber für feinfühlige, nette Menschen wie dich und die Mitschüler, die du dir für deine ersten Kontaktversuche ausgesucht hast, kein Grund ist, den Gesprächspartner zu missachten.

Wenn du all diese Trainingsschritte durchgeführt hast, dann bist du aus der Rolle des Außenseiters ausgestiegen und gewinnst sicher bald zumindest eine Freundin, einen Freund. Halte durch!

„Wir haben einen widerlichen Mitschüler": der Gedankenlose

Jutta, 12 Jahre
Wir haben heuer eine in unsere Klasse bekommen, die ein Jahr älter ist. Das wäre nicht das Problem, aber sie stinkt. Sie wechselt sicher nicht einmal ihre Unterhose. Wir haben ihr schon oft gesagt, dass sie stinkt. Wir haben alles Mögliche versucht, sie angeschrien, sie ausgespottet, aber das hat auch nichts genützt. Sie glaubt uns nicht. Sie braucht sich nicht wundern, dass keiner neben ihr sitzen mag. Wir halten das schon nicht mehr aus. Was können wir tun?

Thomas, 14 Jahre
Wir haben einen, der ist die Pest. Er ist ein Schleimer und voll uncool. Er redet nur blöd daher. Er ist feig und macht nirgends mit, rennt uns aber immer hinterher. Er ist eben ein verdammter Schleimer. Keiner kann ihn leiden, aber das scheint ihn nicht zu stören. Er reagiert auf nichts und grinst nur blöd. Was sollen wir machen, dass er endlich kapiert, dass wir nichts mit ihm zu tun haben wollen?

Saskia, 15 Jahre
Meine Nachbarin ist ätzend. Ich muss neben ihr sitzen, obwohl ich so gar keinen Bock darauf habe. Mit ihr kann ich über nichts reden. Sie interessiert sich anscheinend nur für die Schule. Was soll ich mit der?! Sie ist eine urlangweilige Streberin. Der Klassenvorstand will mich nicht versetzen, obwohl ich ihm schon 100-mal erklärt habe, warum ich da nicht sitzen bleiben kann. Hat er das Recht, mich zu zwingen, das ganze Schuljahr über neben dieser langweiligen Streberin zu sitzen? Das ist so öd, das halte ich nicht aus.

Claudia, 14 Jahre

Eine Mitschülerin hat einen Selbstmordversuch gemacht. Die Lehrer reden so, als ob wir die Schuld hätten. Es stimmt zwar, dass wir uns oft über sie lustig machten, weil sie so ganz anders als wir gewesen ist. Wir wollten nur unseren Spaß haben, es war nicht so bös gemeint. Wir machten uns auch oft über andere lustig, das hätte sie doch merken müssen. Ich finde das gemein, dass die Lehrer uns die Schuld geben. Wir haben nicht ahnen können, dass sie alles so tragisch nimmt. Jetzt tut es mir doch ein wenig Leid.

Völlig grundlos lehnst du sicher niemanden ab. Irgendetwas am anderen befremdet oder stört dich und du stellst dich spontan dagegen.

Keiner fühlt sich wohl mit jemandem, der anscheinend nicht zu einem passt, der völlig andere Interessen hat, zu dem man keinen Zugang findet. Ein gehemmter, unsicherer Mensch wirkt oft langweilig, überempfindlich, vielleicht sogar arrogant. Er erweckt entweder den Eindruck, sich anbiedern zu wollen ohne sich anzupassen, oder er kapselt sich von den anderen ab und will bei keiner Aktion, die für die Klassengemeinschaft wichtig ist, mittun. Auf diese Weise wirkt er störend. Dieser Eindruck verführt leicht dazu, etwas dagegen unternehmen zu wollen. Ein Mitschüler beeinflusst den anderen, immer mehr Schüler der Klasse verbünden sich gegen den „Außenseiter" und werfen ihm selbstgerecht sein „Anderssein" vor. Man schaukelt einander auf und hat Spaß daran, sein „komisches" Verhalten zu verspotten oder sich über eine auffällige Äußerlichkeit lustig zu machen.

Seine verschüchterten oder gekränkten Reaktionen scheinen zu bestätigen, dass er selbst schuld daran ist, dass er abgelehnt wird. Und sie verstärken das Gefühl, dass man bei so einem eigenartigen, empfindlichen Menschen allen Grund hat, ihn nicht für voll zu nehmen. Die kleinen Quälereien werden also „belohnt", der allgemeine Spaß daran bleibt bestehen.

Du meinst das sicher nicht böse, bist nicht kaltherzig, nicht grausam. Du willst niemanden vernichten, du möchtest dich nur gegen das stellen, was dich stört, dir lästig ist, dich befremdet. Das ist dein Recht. Mit dem oben geschilderten Verhalten richtest du dich aber pauschal gegen den anderen. Du fällst ein negatives Gesamturteil, stempelst den anderen damit ab und hast daher kein Interesse, ihn richtig kennen zu lernen. Du trägst Scheuklappen und kommst gar nicht auf die Idee, darüber nachzudenken, was dein Verhalten und das der anderen für den Betreffenden bedeutet, wie kränkend und verletzend dieses für ihn sein muss. Da du nur von dir und der Meinung deiner Kollegen ausgehst, ist deine Wahrnehmung, dein Gerechtigkeitsempfinden eingeengt.

Du bist nicht gemein, sondern „nur" gedankenlos. Nimm das nicht als Entschuldigung für dein Verhalten. Du weißt wohl, wie tief du den anderen verletzen kannst. Für das Opfer ist es völlig egal, ob es aus Gedankenlosigkeit oder aus Gemeinheit gequält wird. Rechtfertige dich auch nicht damit, dass der andere dein Verhalten heraufbeschwört. Gib nicht ihm die Schuld, selbst dann nicht, wenn er sich tatsächlich vorwiegend negativ zeigt. Du weißt nicht, warum er sich so benimmt, welche Probleme, welche Schwierigkeiten, welches Leid dahinter stehen.

Du kannst sicher sein, dass er kein selbstsicherer, glücklicher Mensch ist, der sich wohl in seiner Haut fühlt. Willst du trotzdem auf seiner Seele herumtrampeln, ihn ausschließen, nur weil er nicht imstande ist, sich zu öffnen und sich an euch anzugleichen? Du bist sicher nicht so herz- und fantasielos, dass du dir seine seelische Not nicht vorstellen könntest.

Ich nehme an, dass du dich ändern und ihm entgegenkommen möchtest. Wenn du den ersten Schritt machst, erlebst du vielleicht, dass er keineswegs freudig darauf zu reagieren scheint. Vielmehr wirkt er abweisend, blockt ab oder verfällt wieder in das Verhalten, das dich an ihm so nervt. Lass dich davon nicht abschrecken. Für den Außenseiter ist es eine völlig ungewohnte Situation, dass sich jemand für ihn interessiert und nett auf ihn zugeht. Er hat Angst, etwas falsch zu machen, wieder enttäuscht zu werden und kann dein plötzlich verändertes Verhalten nicht verstehen. Er ist verunsichert, irritiert, skeptisch, verlegen und gehemmt.

Er kann also nicht so reagieren, wie du es erwartet hättest. Überfordere ihn nicht, indem du ihn gleich aufforderst, sich an Gesprächen zu beteiligen oder mit euch mitzumachen. Lass ihm Zeit, sich an dein neues Verhalten zu gewöhnen und Vertrauen aufzubauen. Dein Einsatz hilft nicht nur einem verzagten Menschen wieder Mut zu fassen, er lohnt sich auch für dich, denn du lernst andere besser verstehen und gewinnst einen verlässlichen Schulkameraden.

„Ich gehöre lieber zu den Starken": der Mitläufer

Du erkennst, dass der Außenseiter keine Chance hat, dass er leidet. Du weißt, dass andere mit ihren „Späßen" über das Ziel schießen, dass ihr euch auf Kosten des Opfers stark fühlt oder belustigt. Du durchschaust, dass die Dominanten, die Angeber, die Wichtigtuer in deiner Klasse ihre bedeutende Stellung untermauern, ihre Macht und Stärke zeigen wollen, indem sie einen, der vermeintlich „nichts zu bieten" hat, abwerten und ausschließen. Du kennst ihre Absicht: Sie brauchen einen „Fanclub", der ihr Image hebt, der ihre Interessen, ihre Ideen unterstützt, den sie mitreißen können. Ein verschüchterter Typ bringt kein Prestige und passt nicht dazu.

All das ist dir bewusst, und doch bringst du nicht den Mut auf, dich entgegen dem negativen Trend in der Klasse fair zu verhalten. Du hast Angst vor Konflikten, du befürchtest „Freunde" zu verlieren und vielleicht selbst ausgeschlossen zu werden. Du willst dem Außenseiter nur deshalb nicht beistehen, weil du Schwierigkeiten mit den anderen aus dem Wege gehst, weil du nicht in den Ruf kommen willst, wegen deines Einsatzes für ihn ein ebenso „gestörter Typ" zu sein. Du bist froh, dass du zu den anderen gehörst und von ihnen akzeptiert wirst. Du möchtest verständlicherweise deine Position in der Gruppe nicht gefährden.

Daher schweigst du, vermeidest den Kontakt zu dem Außenseiter, verschließt dein Einfühlungsvermögen tief in deiner Seele und passt dich an die an, die das Sagen in der Klasse haben. Vielleicht beruhigst du dein Gewissen noch mit den Argumenten: „Was kann ich schon dagegen tun?! Es liegt an ihm, er könnte sich doch ändern. Er muss sich ja nicht alles gefallen lassen."

Das Verhalten des Mitläufers ist verständlich, aber dennoch nicht zu akzeptieren. Der Mitläufer schätzt die Situation richtig ein, erkennt die Zusammenhänge, nimmt die Gefühle der anderen wahr. Aus Selbstschutz, aus Feigheit und aus Bequemlichkeit bleibt er aber untätig. Er blockt lieber ab, als sich zu engagieren, und versteckt sein gerechtes Empfinden hinter seinem Egoismus.

Das ist eine gefährliche Haltung, denn die bewusst gemeinen Menschen sind in der Minderheit. Sie hätten kaum die Macht, andere ständig zu verletzen, wenn sie nicht durch eine große Anzahl von Mitläufern Schützenhilfe bekämen. Durch deren kritiklose Zuwendung fühlen sie sich in ihrer dominanten Rolle erst richtig bestärkt. Schweigen ist Zustimmung, nicht Heraushalten! Ein Mitläufer ist also direkt an den gemeinen Handlungen beteiligt, auch wenn er kein Wort sagt, keinen Finger rührt.

Der Preis für dieses feige Kneifen vor gerechtem Handeln ist die Akzeptanz durch die Gruppe. Aber: Wird ein Mitläufer wirklich ernst genommen, hat er einen bedeutenden Stellenwert? Nein. Er wird nur so lange akzeptiert, solange er sich den

Leadern unterordnet und sie bewundert. Nicht seine Persönlichkeit wird geschätzt, sondern seine Rolle als „Fan". Fans sind aber austauschbar! Das ist ein armseliger Stellenwert, und es lohnt sich doch wirklich nicht, sich an diesen bis hin zur Selbstverleugnung zu klammern? Hast du das notwendig?!

Es gibt einige wenige, die genau wissen, was sie dem Opfer antun und voll bewusst ihre Quälereien fortsetzen. Dann gibt es noch die Gruppe der Desinteressierten, die sich um nichts und niemanden kümmern, zu allen Gemeinheiten schweigen (sofern sie nicht einbezogen werden), denen in ihrer Egozentrik alles um sie herum egal ist. Diese beiden Typen sind nicht einsichtig zu machen, gefühlsmäßig nicht zu rühren, wenn es um das Schicksal anderer geht. Jeder Satz an sie ist vergeudet, daher will ich sie in diesem Kapitel auch nicht direkt ansprechen.

VI. KAPITEL
DROGEN UND ABHÄNGIGKEIT

Natascha, 15 Jahre
Ich habe seit acht Monaten mit Drogen zu tun. Seit man das in der Schule erfahren hat, gehen mir alle aus dem Weg. Mein Freund hat mich auch verlassen. Ich bin sicher noch nicht abhängig, aber mein Körpergefühl hat sich verändert. Wie lange dauert es, bis man abhängig wird? Ich möchte, dass sich das mit meiner Klasse ändert.

Walter, 15 Jahre, und Eric, 13 Jahre
Hilfe, wir sind drogensüchtig! Das Ganze begann vor drei Monaten, als meine Freundin mit mir Schluss machte. Ich war am Boden zerstört. Ich begann Drogen zu nehmen. Mein Bruder nahm sie erst zwei Monate später, als seine Freundin sich wegen eines anderen von ihm trennte. Wir bekamen den Stoff von einem Freund, der ihn in einer Disco beziehen kann. Wir wollten es eigentlich nur einmal versuchen, weil wir so geschafft waren. Aber als uns der Freund wieder Stoff anbot, dachten wir, es könnte nicht schaden, es war uns eigentlich alles gleichgültig. Jetzt kommen wir nicht davon los. Was sollen wir machen?

Teresa, 17 Jahre
Ich habe mir gedacht, dass es vielleicht von Vorteil ist, wenn ich meine Lebensgeschichte schreibe. Ich finde, man kann den Jugendlichen nicht oft genug sagen, wie furchtbar das Leben wird, wenn man Drogen nimmt.
Alles hat damit angefangen, dass ich Ärger mit meinen Eltern hatte. Das war, als ich zwölf war. Ich begann damals

regelmäßig zu rauchen und später auch zu trinken. Irgendwann ist mir aber Hasch angeboten worden. Weil ich cool sein wollte, kaufte ich mir etwas. Es war „roter Libanese" (schaut aus wie Zimt, nur rot), das man unter Feuer erhitzt. Es war echt cool, denn ich war wie weggebeamt. Es war mir so, als wäre ich zum ersten Mal in meinem Leben der Boss. Ich dachte: „Ich bin endlich jemand. Jemand, der etwas zu sagen hat. Der King."

Mit der Zeit kiffte ich jeden Samstag. Ich verkaufte kleine Mengen, damit ich wieder Geld hatte. Ich war und bin aber kein Dealer, denn ich bot es niemandem an. Ich verkaufte nur an die, welche schon länger kifften.

Nach einem Jahr aber wurde ich in einem Café von der Polizei geschnappt. Ich wurde beschuldigt, gedealt zu haben. Ich stritt alles ab, machte mich stark und verlangte von den Bullen überzeugend, dass sie meinen Harn und mein Blut untersuchen lassen sollen, damit ich beweisen kann, dass ich nichts mit Drogen drauf habe. Sie machten keinen Stress mehr, es passierte mir nichts. (Dumme Polizei!)

Danach war einmal für zwei Wochen Pause. Ich schwor mir, nie wieder zu kiffen. Bald wurde ich aber wieder geil auf dieses Feeling, und schon ging es wieder los. Täglich. Als ich dann 14 war, kiffte ich fast schon seit zwei Jahren. Ich war kreidebleich, doch keiner kam auch nur im Traum auf die Idee, dass ich Drogen nehme. Alles war mir gleichgültig, auch der Stress zu Hause. „Your head is for dancing, your feet are for thinking!"

Mir wurden immer wieder Trips, Pillen und anderer Scheiß angeboten. Meine Freunde sneeften schon. Als ich 15 war, zog ich meine erste „line speed" durch die Nase. Das war in der Schule. Es war ungestreckter Apfelspeed. Eigentlich das Beste, was man bekommen kann. Es war super. Ich hörte nur mehr Rave. Ich ging oft auf Raves und schmiss das Geld nur so hinaus für Eintritt, Speed, Miraculix, Sonne, Sinsun

200, Duffy Duck. Lauter coole Namen, aber was steckt dahinter? Es sind einfach nur kurze, tolle Feelings, aber sie machen den Körper kaputt. Ich verlor nach und nach den Geruchs- und Geschmackssinn. Speed und Kokain machen die Schleimhäute kaputt. Ich musste zu stehlen beginnen, um an Geld ranzukommen.

Kokain ist doch ein gefährlicher Name, oder? Koks ist dasselbe, klingt das aber gefährlich? Duffy Duck oder Sonne, gefährlich? Die Namen sind lustig, die Folgen sind Scheiße!

Durch die Drogen war mir alles egal. Ich verlor viele Freunde. Ich zog nur mehr mit „Ratten" herum. Das tolle Feeling war immer nur kurz, die Scheiße lang.

Jetzt bin ich fast 17. Mein Immunsystem ist völlig zerstört. Ich bin sehr oft krank. Jetzt merkten auch meine Eltern das Problem. Ich ging zum Arzt. Er sagte, dass ich höchstens noch vier Jahre zu leben hätte, mit diesem Drogenkonsum. Das erschreckte mich. Ich habe eine Therapie begonnen. Meine letzte chemische Droge schluckte ich am Silvesterabend. Jetzt kiffe ich nur mehr. Ich hoffe, dass ich durch die Therapie auch das Kiffen aufgeben kann.

Wenn Haschisch legalisiert verkauft würde, könnten wir sicher sein, dass wir nur reines Naturprodukt rauchen, ohne Schuhcreme oder Autoreifen. Der Dealer könnte uns dann nicht mit anderen Drogen verführen.

Trotzdem finde ich Alkohol noch gefährlicher als Kiffen. Nach dem Kiffen ist man ruhig, kann keiner Fliege etwas zu Leide tun. Aber nach Alkohol?! Aggression, brutal, laut.

Ich möchte, dass mein Brief veröffentlicht wird. Erstens, weil ich andere, die glauben auch cool sein zu müssen, warnen will, und zweitens, weil ich einfach jemanden brauche, der mir zuhört und der mich nicht kritisiert, auch wenn es unbekannte Leser sind. Vielen Dank fürs „Zu-lesen"!

Einmal ist keinmal?

Du findest in diesen Briefen, besonders in Teresas Bericht, sicher bestätigt, was dir von Eltern und Lehrern schon oft gepredigt worden ist: Bereits der erste Kontakt mit Drogen ist überaus gefährlich! Das gilt für jede Droge, gleich welcher Art! Daher gibt es keine „harmlose" Droge. Was immer Gegenteiliges darüber erzählt wird, glaub es nicht! Lass dich nicht für dumm verkaufen!

Die Drogenmafia und unzählige Dealer werden dadurch reich, dass immer wieder naive, labile Kids und Jugendliche in die Falle tappen, indem sie sich was vormachen oder vorgaukeln lassen. Dealer sind ausschließlich daran interessiert, Geld zu machen. Sie müssen sich immer neue Geldquellen erschließen, und diese finden sie am leichtesten unter euch. Sie brauchen den Kids und Jugendlichen das erste Mal nur im richtigen Moment Drogen teils gratis, teils fast geschenkt anzubieten oder sie über „Freunde" verteilen zu lassen, und schon wird eine große Anzahl von ihnen zu potentiellen Kunden. Ein einfaches Spiel, ein gutes Geschäft!

Die Berichte, dass in Schulen, in Discos, bei Partys Schüler, ohne es zu wissen, in Getränken, Kuchen oder Süßigkeiten Drogen untergeschoben bekommen, sind leider keine leeren Gerüchte. (Allein schon diese raffinierte Gemeinheit beweist, dass bereits der erste Kontakt mit Drogen die spätere Abhängigkeit einleiten kann. Denn kein Dealer würde das kostspielige Material verschleudern, wenn es für ihn nicht eine nutzbringende Folgewirkung hätte.)

Sei nicht gutgläubig. Wenn du in einem Lokal oder bei einer Party mit Leuten zusammen bist, von denen du nicht alle wirklich gut kennst, dann solltest du nur das trinken und essen, was du dir selbst bestellt hast. Auch dann ist Vorsicht geboten, wenn du deinen Platz für einige Zeit verlässt und das Getränk offen stehen lässt. Diese Warnungen sind nicht übertrieben. Es gibt immer wieder Kids und Jugendliche, die sich nach einem Glas Cola schwindlig und verwirrt gefühlt haben.

Ob du gleich nach dem Einstieg in den Drogenkonsum körperlich abhängig wirst, hängt von gewissen Anlagen und vom Persönlichkeitstyp ab. Du kannst vorher nicht wissen, ob du diese Anlagen hast, diesem Typus entsprichst. Aber selbst wenn du zufällig nicht der „Suchttyp" sein solltest, der erste Drogenkonsum verleitet meist zu einem zweiten, dritten Mal, und schon ist jeder zumindest psychisch abhängig. Das wiederum fördert weitere Zugriffe, und dann bleibt bei keinem mehr die körperliche Abhängigkeit aus. Wenn das Gift der Droge zu wirken nachlässt, fühlst du dich schrecklich. Körper und Seele schreien nach neuerlicher Drogenzufuhr, bald sogar nach immer stärker wirksamen Drogen, um diese Qual zu beenden.

Die körperliche Abhängigkeit zeigt sich einerseits dadurch, dass Entzugserscheinungen auftreten, wenn die Drogensubstanz nicht mehr eingenommen wird, andererseits wenn der gewünschte Effekt nur mehr mit einer gesteigerten Dosis erreicht werden kann. Jeder Körper reagiert unterschiedlich, aber jeder leidet, wenn die Wirkung nachzulassen beginnt. Gliederschmerzen treten auf, das vegetative Nervensystem spielt verrückt, es kommt zu Erbrechen, zu Durchfall, man friert und fühlt sich insgesamt scheußlich. Die Körperreaktionen können auch lebensgefährlich werden, wenn der Kreislauf oder die Atmung versagen.

Kaum einer, der noch drogenabhängig ist, wird dir diese Qualen ehrlich eingestehen. Er wird sie bagatellisieren, da er sich selbst etwas vormacht und die Leiden durch neuerlichen Drogenkonsum möglichst rasch beendet. Ein Süchtiger denkt nur an das Jetzt. Bedenke, dass jeder Süchtige seine Abhängigkeit rechtfertigt und dir daher nur über das großartige „Feeling" berichten wird.

Die seelische Abhängigkeit bewirkt ein gieriges, unwiderstehliches Verlangen nach der Droge. Wird dieses nicht gestillt, ist man hochgradig erregt, nicht belastbar, kann sich auf nichts konzentrieren, ist fahrig, verzweifelt, aggressiv, in totaler Unruhe.

Die soziale Abhängigkeit ist auch nicht zu unterschätzen. Die sozialen Kontakte haben großen Anteil daran, ob man in den Drogenkonsum hineinschlittert oder nicht. Der Einfluss der Freunde, die Bindung an sie, die gemeinsamen Rituale spielen dabei eine große Rolle. Eine schwache Persönlichkeit wird sich nicht distanzieren können, sich nicht kritisch gegen das Verhalten der Freunde stellen und sich behaupten. Sie wird sich eher angleichen, alles mitmachen, um die Kontakte nicht zu verlieren.

Denk nicht, dass dir das alles sicher nicht passieren wird! Kein Mensch kann die Hand dafür ins Feuer legen, dass er einem noch unbekannten Effekt und quälenden Verlangen garantiert widerstehen wird.

Meist greift man das erste Mal zu Drogen, wenn man in einem labilen Zustand ist, wenn man unter Stress steht oder unbewältigte Probleme hat wie Liebeskummer, Konflikte mit Eltern oder Freunden, Schwierigkeiten in der Schule. Man ist also zu schwach, mit Belastungen fertig zu werden, fühlt sich unverstanden, allein und bedeutungslos. Man möchte sich besser fühlen, die Probleme vergessen, von den anderen anerkannt werden. Wenn man keine wirklich guten Freunde hat, zu Hause keinen Halt findet, keine befriedigenden Interessen hat, dann drängt diese innere Leere nach einem Ausgleich. Oder es kommt zu einer Fluchtreaktion, um den Problemen zu entgehen. Kaum einer denkt in diesem Zustand an die Qual der nachfolgenden Konsequenzen. Das Bedürfnis, einen unmittelbaren „Erfolg" zu verspüren, ist stärker und lässt einen der Verführung zur Droge erliegen.

Sehr oft ist auch nur ein kindischer Anlass der Grund für das erste Mal. Man möchte, dass die anderen einen nicht für feig oder langweilig halten, man will zeigen, dass man dazugehört,

dass man „cool" ist. Jedoch: *Keiner* ist „cool", wenn er nach-
gibt, sich verführen und beeinflussen lässt, wenn er unüberlegt
handelt und alles tut, nur um von den anderen für voll genommen zu werden! So einer ist nicht „cool", sondern schwach!
Für manche ist der Grund für Drogenkonsum „nur" reine
Abenteuerlust, Neugierde, Lust am Experimentieren. Oder
auch Widerspruch gegen die drastischen Warnungen, gegen
das Moralisieren der Erwachsenen.
Wie gesagt, der erste Drogenkonsum bereitet bereits den Weg
zur Abhängigkeit vor. Wenn du irgendeine Art von Drogen
nimmst, hat das unmittelbar darauf eine dramatische Wirkung.
Das Körperempfinden, die Gefühle und der Seelenzustand verändern sich, du hast ein besonderes „Feeling". Diese ein-
drucksvolle Rückmeldung auf den Drogenkonsum verstärkt das
Bedürfnis nach weiteren Drogen. Wenn noch dazu seelische
Belastungen dich veranlasst haben, zur Droge zu greifen, dann
wirst du durch den kurzfristig eintretenden seelenerhellenden
Effekt „belohnt". Nach dem kurzen Hoch fällst du zwar noch
tiefer, aber da diese Bestrafung erst später einsetzt, ist sie zu
wenig wirksam, um dich beim nächsten Mal von der Droge
fern zu halten. Durch den unmittelbaren Effekt der Droge,
durch das unmittelbar veränderte „Feeling", durch das du deine
Sorgen vergisst, wird die Lust auf Drogen doppelt verstärkt.
Die Macht der unmittelbaren Verstärkung ist dermaßen groß,
dass es enormer Willenskraft bedarf, ihr das nächste Mal zu
widerstehen. Wer aber so willensstark sein kann, der ist auch
imstande, schon vor dem ersten Mal der Droge zu entsagen. Er
braucht sie nicht, denn er kann sich selbst aus einem seelischen
Tief herausholen, sich auch ohne Droge ermutigen. Wenn dir
das gelingt, dann erst bist du ein wirklich cooler Typ.
Bei den Schwachen hingegen wird jedes noch so kleine körperliche und seelische Unbehagen zum Auslöser für neuerlichen Drogenmissbrauch. Falls du zu jenen zählst, lernst du auf
diese Weise nie mit Konflikten umzugehen, dich Problemen zu

stellen, dich zu ermutigen. Du bist fremdbestimmt, du hast dich nicht mehr im Griff, du bist Sklave deines Bedürfnisses nach Flucht in einen künstlich herbeigeführten „besseren" Zustand. Das ist der Prozess, der dich zur Abhängigkeit führt!

Welche Substanzen führen zur Abhängigkeit?

Ich muss dir hier die Substanznamen nennen, denn die gängigen Bezeichnungen im Szenenjargon ändern sich oft.*

Opiate
Mohnstroh (Kapseln!), Opium, Morphin und alle davon abgeleiteten Narkotika (z. B. Kodein, Heroin, Fentanyl). Ebenso synthetische Drogen mit morphinartiger Wirkung (Agonisten), wie Methadon, Pethidin (Dolantin), Pentazocin (Fortral) usw.
Akute Wirkung: Brechreiz, Pupillenverengung, zuerst Erregung, dann Dämpfung des vegetativen Nervensystems, Verstopfung, Schmerzbetäubung, bei Vergiftung: Beeinträchtigung der Atmung, Verstimmung oder gehobene Stimmung, Müdigkeit, Schweregefühl, Bewusstseinstrübung.
Bei Entzug: vegetative Übererregtheit.

Kokain
Es werden sowohl die Blätter des Kokastrauches, das Kokain in kristalliner Form als auch Koka-Paste und Crack in rauchbarer Zubereitung genommen.
Akute körperliche und seelische Wirkung: kurzzeitig starke örtliche Betäubung, subjektiv erlebte Steigerung der motorischen Leistungsfähigkeit und des Gedankenablaufes, Euphorie.

---

* Quellen: „Drogen und Drogenmissbrauch", Lehrerinformation, Medizinischer Dienst, BM f. U. K. „Die stille Sucht", Missbrauch und Abhängigkeit von Arzneimitteln mit psychischer Wirkung. Schriftenreihe Gesundheit: BM f. Gesundheit, Sport u. Konsumentenschutz.

Bei konstitutioneller Unverträglichkeit kann – wie bei Überdosierung – der Tod eintreten!

Folgen bei häufigem Gebrauch: heftige Ängste, eventuell epileptische Anfälle, Schlaganfall wegen Durchblutungsstörungen des Gehirns, Schlafstörungen, Reizbarkeit, sexuelle Funktionsstörungen, Herzinfarkt, Hals-, Nasen-, Ohrenerkrankungen.
Bei Entzug: depressive Verstimmung.

Barbiturate
Alle Schlaf- und Beruhigungsmittel gehören dazu.
Akute Wirkung: krampfhemmend, Sprache wird lallend, der Gang schwankend, Einschränkung des Bewusstseins.
Folgen bei häufigem Gebrauch: Beeinträchtigung der Hirnleistung, Wesensänderung, Verwirrtheit, Verlangsamung, keine Kontrolle über Emotionen, Vergiftung von Leber, Gehirn und Nervensystem. Bei Überdosis: tiefe Bewusstlosigkeit bis Tod.
Bei Entzug: Angstzustände, Brechreiz, Muskelzittern, Schwäche, Müdigkeit, Sehstörungen, Schlaflosigkeit, Kollapsneigung.
Tranquilizerabhängigkeit: Bei höherer Dosis ähnelt die Wirkung jener von Barbituraten.

Amphetamine
Das sind synthetisch hergestellte stimulierende Substanzen (Weckmittel). Im Szenenjargon kennt man sie als „Speed" und „Ice" (rauchbare Form). Auch Appetitzügler gehören zu diesem Typ!
Akute Wirkung: stimmungsaufhellend, beschleunigter Gedankenablauf, Appetitdämpfung, sexuelle Erregung.
Folgen bei häufigem Gebrauch: Übererregtheit, Schlafstörungen, Essstörungen, Angstreaktionen, Depression, paranoide Psychose, Veränderung im Herz-Kreislauf-System.
Bei Entzug: gesteigerte Esslust, Müdigkeit, verlängerter Schlaf.

137

Halluzinogene

Es gibt darunter natürliche, halb- und ganzsynthetische Stoffe. Alle sind halluzinogen wirksam. Z. B.: LSD, Mescalin, Peyote (Kakteengift), Psilocybin (Pilzgift), Olioliuqui (Windensamengift), DMT, Harmin usw.

Akute Wirkung: Rausch-Dämmer-Zustand, Halluzinationen (Trugwahrnehmungen) auf allen sinnlichen Erfahrungsebenen (optisch, akustisch, Tastsinn), Veränderungen in der Wahrnehmung von Raum und Zeit, Einschränkung des Bewusstseins, Gefühl des Ich-Verlusts, leichte Beeinflussbarkeit, suggestive Veränderung der Stimmungslage, es kann auch zu „Horrortrips" kommen.

Folgen bei häufigem Gebrauch: „Flash-backs", Zustandsbilder bleiben auch nach der Einnahme der Droge längere Zeit bestehen.

Inhalantien

Substanzen wie Lösungsmittel, Benzin, Benzol, Azeton, Klebstoffe, Äther, Chloroform, Lachgas u. a. werden zwecks Rauscherzeugung inhaliert, „geschnüffelt".

Akute Wirkung: Rauschzustand, Atemnot, dann Erregung, dann Entspannung wie bei einer Kurznarkose.

Folgen bei häufigem Gebrauch: Unruhe, Beeinträchtigung des Wirklichkeitssinnes, eventuell hirnorganische Störungen, Koordinationsschwierigkeiten, verschwommene Sprache, Allergien, Lähmungen, Gehirnschäden, Nierenschäden.

Mögliche krasse Folgen: tödlicher Herzstillstand.

Cannabis

Alle Zubereitungen der Hanfdroge: Haschisch, Marihuana, Ganja.

Akute Wirkung: Rauschzustand mit veränderter Wahrnehmung und veränderter Stimmung. Beeinträchtigung der Zeiterfahrung und der räumlichen Wahrnehmung, häufig gehobene

Stimmung, unangepasster Lachreiz, Beeinflussung des Gedächtnisses und der Gedankengänge, Beschleunigung der Herztätigkeit, Blutdruckerhöhung, Appetitsteigerung.

Mögliche Komplikationen: Die Cannabiswirkung ist abhängig von der psychischen Verfassung und von Umwelteinflüssen. In bestimmten Fällen treten „Horrortrips", Angst, Verfolgungsideen, Panikattacken auf.

Folgen bei häufigem Gebrauch: Verlust des Antriebs, apathische Einstellung, sozialer Rückzug, Verlust sexuellen Interesses, Interesselosigkeit. Bei Männern kann eine Reduktion der Spermienanzahl entstehen, bei Frauen können Zyklusunregelmäßigkeiten auftreten.

„Designer"-Drogen

Die Grundsubstanz besteht aus altbekannten Stoffen aus der oben erwähnten Drogenpalette. Sie wird von Chemikern etwas verändert, die auf diese Weise neu kreierten Stoffe werden mit attraktiven Namen versehen. Zum Beispiel:

Ecstasy oder XTC: Ähnlichkeit mit halluzinogenen Stoffen.

DOM oder STP („serenity, tranquility, peace"): Wirkt wie LSD, führt aber häufiger zu „Horrortrips".

„Angel Dust", PCP: Ersatzstoff für andere Halluzinogene. Verleiten zu Gewalttaten, es kommt fast immer zu „Horrortrips".

Wenn ich schon all die Substanzen aufzähle, die zur Abhängigkeit führen, dann muss ich auch die letzten zwei Typen nennen, die am häufigsten vorkommen und daher leicht bagatellisiert werden.

Alkohol

Als Droge gelten alle Arten alkoholischer Getränke!

Akute Wirkung: Bei 0,5–1,2 Promille Alkohol im Blut: Enthemmung, vermindertes Verantwortungsgefühl, oberflächlicher und verlangsamter Gedankenablauf, Unterschätzung von

Gefahren, Überschätzung der eigenen Fähigkeiten; bei 1,3–3 Promille Alkohol wird die Berauschung sichtbar, die Reaktionsfähigkeit ist herabgesetzt, die Bewegungen werden unkoordiniert, die Aufmerksamkeit sinkt, die Weite des Gesichtsfelds wird eingeschränkt, man sieht doppelt, triebhaftes Verhalten tritt auf; bei über 3 Promille Alkohol im Blut kommt es zur Lähmung des Zentralnervensystems, die geistigen Fähigkeiten schwinden, es tritt schwerer, tiefer Schlaf ein. Ein Blutalkoholgehalt von über 4 Promille kann tiefe Bewusstlosigkeit und den Tod zur Folge haben.

Die Folgen regelmäßigen Alkoholkonsums sind Schädigungen des Organismus, vor allem Lebererkrankungen. Obwohl Alkohol enthemmt und das sexuelle Verlangen deutlich spürbar ist, wird die Sexualität durch Störung der Sexualfunktionen stark beeinträchtigt.

Nikotin
Alle Arten von Tabakzubereitungen.
Akute Wirkung: Gefäßverengung, Reizung der Bronchien.
Mögliche Spätfolgen: Lungen-, Kehlkopf-, Zungenkrebs, Herzerkrankungen.

Es ist unsinnig, wenn du den Grad der Gefährlichkeit der verschiedenen Drogen miteinander vergleichst. Für dich ist es nur wichtig, dass du weißt, dass *jeder* Drogengebrauch, vor allem wenn er unkontrolliert stattfindet, ein Risiko bedeutet.

Das Nein zur Verführung

Als ideale weiche Droge gelten die Cannabisprodukte Haschisch und Marihuana.
Da diese Droge am meisten verbreitet ist und du sicher einige unter deinen Bekannten oder Freunden kennst, die bereits

geraucht haben, scheint sie dir nicht so gefährlich. Vielleicht hast du auch schon oft gehört, dass das Kiffen, das Rauchen eines Joints, keine wirklich negativen Auswirkungen hat, dass es gesünder ist als Alkohol zu trinken. Aber erstens gibt es keine gesunde Droge und zweitens hängt die Auswirkung jeder Droge vom körperlichen und seelischen Zustand des Konsumenten und von der Häufigkeit und Menge der Einnahme ab. Jede Droge ruft künstlich körperliche und seelische Veränderungen hervor, und das ist dem gesunden Organismus nicht zuträglich.

Wenn deine Eltern sich total gegen Haschisch aussprechen, wenn sie dich davor warnen, dann haben sie völlig Recht. Glaub nicht, dass sie nicht richtig informiert sind, dass sie davon weniger verstehen als deine Freunde. Sie wissen sehr wohl, dass das Kiffen dich nicht gleich zum verlorenen Süchtigen macht. Sie sehen vielmehr die Gefahr darin, dass du dadurch leichter in die „Szene" rutschst, da immer jemand aus der „Szene" mit euch direkt oder indirekt in Verbindung steht, sonst würdest du gar nicht zu dem Stoff kommen.

Weiters befürchten sie, dass unter „Hasch-Freunden" das Kiffen oder Rauchen zur Gewohnheit wird, dass du dich kaum heraushalten kannst und immer häufiger mitmachst, bis du ohne „Shit" nicht so recht in Stimmung kommst. Die größte Angst aber haben sie davor, dass dir einmal der angenehme, entspannende Effekt nicht mehr attraktiv genug sein könnte, da du ihn schon mehrmals erlebt hast. Du würdest dann vielleicht leichter bereit sein, dich zum Konsum einer stärkeren Droge verführen zu lassen.

Das bedarf nur eines unüberlegten Schrittes, und schon würdest du an eine harte Droge geraten, obwohl du immer überzeugt gewesen bist, dass dir das nie passiert, dass du nicht so dumm bist. Die Möglichkeit dazu ist aber gegeben, da diejenigen, die „Shit" besorgen, sicher auch Zugang zu harten Drogen haben. Die Ängste der Eltern sind also verständlich.

Untersuchungen zeigen, dass trotz der oben genannten Gefahren Cannabis doch nicht als so genannte „Einstiegsdroge" anzusehen ist. Abgesehen von vermehrtem Alkohol- und Nikotinkonsum, steigen relativ wenige auf andere Drogen um. Glaub jetzt jedoch nicht, dass du dich deshalb bedenkenlos den „Shit-Rauchern" anschließen kannst. Cannabis ist keine Einstiegsdroge, aber es führt zu einer psychischen Abhängigkeit von stimulierenden Stoffen. Diese psychische Schwäche erschwert das Nein erheblich, wenn einem die harte Droge aufgeschwatzt wird.

Wenn in einer Freundesrunde gemeinsam Haschisch oder Marihuana geraucht und der Joint von einer Hand zur anderen weitergereicht wird, dann entsteht schon allein durch dieses Ritual das Gefühl der Zusammengehörigkeit. Man fühlt sich miteinander verbunden, akzeptiert, genießt die seelische und körperliche Entspannung. Sich da auszuschließen ist äußerst schwierig. Wer nicht mitmacht, muss einem gewaltigen sozialen Druck widerstehen, muss auf den unmittelbaren Lustgewinn, auf die als wichtig erlebte Gemeinsamkeit verzichten. Das gelingt nur einer gefestigten Persönlichkeit.

Vielleicht würde auch noch das Image angekratzt, da einen die anderen für „uncool" halten. Sich davon nicht beeinflussen zu lassen, das erfordert viel Selbstbewusstsein. Dazu kommt noch der Reiz des Neuen, die Neugierde, die Abenteuerlust, etwas zu tun, wovor man Scheu hat und worüber die Eltern entsetzt wären. Die Verführung ist also enorm groß.

Es ist sehr wahrscheinlich, dass du irgendwann mit „Kiffern" in Kontakt kommst. Da es, wie bereits beschrieben, sehr schwierig (aber nicht unmöglich!) ist, der Verführung, der Überrumpelung zu widerstehen, schaffst du es leichter, wenn du dir rechtzeitig die benötigte Stärke aneignest.

Wie bei jedem anderen Prozess, bei dem du dich behaupten, für dich Richtiges tun oder Schwierigkeiten verhindern möchtest, ist es auch hier wieder wichtig, dass du auf dein Selbstwertgefühl zurückgreifst und dich analysierst: „Wie bin ich? Was entspricht mir? Was will ich nicht? Durch welche Schwächen lasse ich mich eventuell verführen, welchem Selbstbetrug könnte ich unterliegen?"

Es ist klar, dass es dich freut, wenn du von den anderen als „cool" angesehen und in ihre Gruppe aufgenommen wirst. Es ist auch verständlich, dass du auf eine angenehme soziale Situation nicht verzichten möchtest und dass es dir nicht völlig gleichgültig ist, was andere von dir halten. Würdest du bei den Punkten der Selbstanalyse „Was entspricht mir?", „Was will ich nicht?" nur in diesen Faktoren die Antwort suchen, dann hättest du dich von unüberlegten Wünschen verleiten lassen, ohne tiefer in dich hineinzublicken.

Durch dein Selbstwertgefühl weißt du, dass Einschleimen, sich um jeden Preis bei anderen beliebt machen, bei allem mithalten wollen eher Schwäche bedeutet und daher wenig echte Anerkennung bringt. Wenn du also ernst genommen, als „Du" geschätzt werden möchtest, dann steh zu deiner Persönlichkeit, bleib bei deinen Ansichten, auch wenn sie denen der anderen nicht entsprechen.

Das heißt nicht, dass du dich unsozial, an anderen desinteressiert verhalten sollst. Du sollst kein Außenseiter werden, aber du musst dich auch nicht zum Mitläufer machen. Weder der eine noch der andere Typ entspräche dir. Da, wie du schon weißt (siehe auch Seite 114 ff.), es beiden an Selbstwertgefühl, an Stärke mangelt, haben sie kein „Profil". So „verschwommene" Persönlichkeiten werden von anderen nicht wirklich geschätzt und sind nur dann willkommen, wenn sie gerade dienlich sein können. Es ist ein Trugschluß zu glauben, dass du akzeptiert wirst, wenn du zu allem ja sagst!

Du findest sicher andere Anknüpfungspunkte und Gemeinsamkeiten, die dich den anderen nahe bringen, ohne dass du dich in allen Bereichen angleichen, alles mitmachen musst.

Steh zu dir und behaupte dich mit der Feststellung: „Ich will das nicht. Mir gibt das nichts", ohne dich weiter zu rechtfertigen. Natürlich ist damit zu rechnen, dass sich die anderen nicht gleich zufrieden geben. Das ist der Punkt, bei dem viele wieder schwach werden. Du weißt, dass du nichts gewinnst, dass dein Stellenwert in der Gruppe sicher nicht erhöht wird, wenn du dich weichklopfen lässt. Wiederhole freundlich, aber bestimmt das Nein zu dem Angebot. Bleib unbeirrbar in deinem Entschluß. Damit zeigst du, dass du meinst, was du sagst, dass du also ernst zu nehmen bist. Dadurch imponierst du den anderen sicher mehr als durch weiches Nachgeben.

Um nicht stur und ablehnend zu erscheinen, kannst du zum Beispiel sagen, dass du es sehr wohl gemütlich findest, das Ritual zu beobachten, den Joint an die anderen weiterzureichen, auch wenn du selber nicht kiffst. Ergänze vielleicht noch: „Dadurch kann ich mich auch ohne Stoff zu einem guten Feeling bringen. Das reicht mir." Gelingt es dir, dich zu behaupten und in die Runde aufgenommen zu sein, dann fühlst du dich wohl, lenkst dich ab, kommst weg vom Stress und fühlst dich ausreichend entspannt, ohne die Droge einsetzen zu müssen. Die Motive, dich besser fühlen, dich nicht absondern und von der Gruppe anerkannt werden zu wollen, nötigen dich also nicht, den Joint mitzurauchen.

Jetzt bleibt nur noch die Neugierde, die Abenteuerlust als mögliches Motiv über. Dein Selbstwert bringt dich zur gesunden „Selbstliebe", das heißt, du hast die Kraft, etwas zu unterlassen, was dir schaden kann. Du bist über die negativen Folgen, die jeder Drogenkonsum nach sich zieht, bestens informiert. Nun heißt es aufpassen, dass du nicht in einen Selbstbetrug rutschst, indem du dir sagst: „Ich möchte nur wissen, wie das so ist. Es muss was dran sein, wenn die anderen davon so angetan sind. Es wird mir schon nicht schaden. Die anderen sind auch nicht davon krank geworden. Einmal ist keinmal!"

Erinnere dich an die Informationen über die seelische und körperliche Abhängigkeit. Mach dir nicht vor, dass du sicher nicht gefährdet bist. Befriedige die Neugier und Abenteuerlust nicht durch Handlungen, bei denen du schon von vornherein weißt, welche negativen Folgen du zu erwarten hast. Nach einigen Drogenkontakten aufhören zu müssen ist weitaus schwieriger als gleich darauf zu verzichten. Erspar dir den qualvollen Weg!

Rauchen

Die gleichen Motive wie bei Haschisch verführen dich auch zum Zigarettenrauchen. Die Verlockung ist jedoch noch größer, weil Raucher keine Minderheit, keine Randgruppe darstellen und du ständig mit ihnen zusammenkommst. Du siehst an den Erwachsenen und auch an Jugendlichen, dass Rauchen „toll" sein muss. Du beobachtest, dass man sich eine Zigarette anzündet, wenn man sich entspannt, sich's gemütlich macht, gestresst oder aufgeregt ist, wenn man sich konzentriert, sich langweilt, sich freut oder traurig ist; wenn man nachdenkt, wenn man abschaltet, wenn man sich unbehaglich oder wohl in einer Runde fühlt, wenn man aufs Essen wartet, nach dem Essen, zum Kaffee und und und . . .

Zu den unterschiedlichsten Anlässen und in verschiedensten Situationen wird dir vorgelebt, dass Rauchen „cool" ist. Du erfährst aber auch von den verzweifelten Versuchen vieler Erwachsener, sich das Rauchen abzugewöhnen und hörst von Raucherentwöhnungs-Therapien, von Nikotinkaugummis und -pflastern. Das müsste dir beweisen, dass Rauchen sehr schädlich ist, sonst wäre kaum einer bereit, Qualen auszustehen, um gegen die Abhängigkeit anzukämpfen. Aber die negativen Folgen sind für dich noch in weiter Ferne, sodass sie dich kaum abschrecken können.

Entscheide, ob du zu den schwachen Menschen, die sich nicht im Griff haben, zählen möchtest. Halte dir die Devise vor

Augen: „Ohne Rauch geht's auch!" Wie du es schaffst, dich stark zu machen, das weißt du bereits aus dem Abschnitt über „Das Nein zur Verführung" in diesem Kapitel.

Alkohol

Es sind die gleichen Umstände, Einflüsse und Beweggründe wie beim „Kiffen" und Rauchen, die zum Alkoholkonsum verführen.

Alkohol ist in jeder Gesellschaft mit im Spiel. Es ist ganz normal, ein Gläschen zu trinken. Wer sich abstinent zeigt, der wirkt beinahe befremdend auf die anderen. „Sei nicht so langweilig! Sei kein Schlappschwanz! Bist du so schwach auf der Brust, dass du nichts verträgst?! Du Milchkind!" Diese und andere Spötteleien muss sich der gefallen lassen, der wirklich höchstens nur ein Glas trinken möchte.

Auch das ist eine äußerst schwierige soziale Situation, in der nur ein selbstbewusster Mensch widerstehen kann. Die meisten geben dem Druck nach.

Da man sich ab einem gewissen Quantum Alkohol enthemmt fühlt und sich entsprechend anders und lockerer verhält, gehen einem Scherze und Witze leichter über die Lippen, womit man die anderen zum Lachen bringt. Man wird dadurch „belohnt", fühlt sich wichtig und ist dann nicht mehr gewillt, mit dem Trinken aufzuhören. Dass das Lustige irgendwann ins Läppische kippt, merkt keiner. Jetzt hat man das (fragwürdige!) Image, ein „Steher" zu sein, der „was verträgt". Diesem Ruf möchte man wieder entsprechen und auch die enthemmte Lockerheit wieder spüren, was auch von den anderen bekräftigt wird, und so endet fast jedes Ausgehen in einer Sauferei.

Ein anderer häufiger Grund für das „Ansaufen", besonders bei Mädchen, ist ein selbstmitleidig ausgelebter Liebeskummer oder Verzweiflung aus familiären Motiven. Der extreme Alkoholkonsum ist dann auch mit der Absicht verbunden, jemanden indirekt damit zu „bestrafen" und eventuell auch zu „erpressen".

Das Mädchen hat Liebeskummer, ist verzweifelt und ersäuft ihren Schmerz im Alkohol. Doch der Wunsch, zu vergessen, ist dabei nicht das Hauptmotiv. Sie bringt sich in diese extreme Situation, um ihre Verzweiflung allen zu zeigen, um anzuklagen: „Das hast *du* verschuldet. Das hast du nun davon! Wegen dir bin ich in diesem Zustand. Du hast mich vernichtet. Wegen dir muss ich mich dem Suff ergeben. Nur du könntest mich daraus retten."

Es ist, ähnlich einem Selbstmordversuch, ein verzweifelter Hilferuf, gepaart mit Bestrafungstendenzen: „Wenn ich schon so leide, dann soll er auch erfahren, warum. Er soll sich schuldig, sich total mies fühlen, dass er mir das angetan hat." Hinter all dem steckt die Sehnsucht, den anderen zu rühren, ihn wiederzugewinnen.

Gerade das gelingt aber so nicht! Die extreme Reaktion schreckt den anderen noch mehr ab. Er fühlt sich nur bestätigt, dass es richtig war, Schluss zu machen. Außerdem: Schlechtes Gewissen erweckt keine Liebe. Wenn jemand schlechtes Gewissen beim anderen hervorrufen möchte, blockt dieser sofort ab, dreht den Spieß um und weist dem anderen die alleinige Schuld zu.

Das übersteigerte Selbstmitleid kann auch zur „Selbstbestrafung" führen. „Wenn ich schon leide, dann will ich mich ganz kaputtmachen, damit mein Elend so richtig deutlich wird." In solch einer Situation besäuft man sich bis zum Kotzen. Der „Gewinn" dabei: ein furchtbarer Kater, innere Leere, Depression und irgendwann auch Isolation!

Die häufigsten Gründe, warum Jugendliche Alkohol trinken:

Sie befürchten, von Freunden abgewertet zu werden, wenn sie nicht mithalten; sie möchten nicht als Kind gelten, sondern erwachsener wirken; sie machen sich 'vor den Gleichaltrigen wichtig und geben an; sie glauben, von Freunden so mehr anerkannt zu werden; sie möchten auf jeden Fall ein „cooler" Typ sein; sie wollen sich locker fühlen, die Stimmung anheizen. Weitere Motive sind jede Art von Seelenschmerz und Stress, der Wunsch, durch extremes Verhalten die Aufmerksamkeit anderer auf sich zu ziehen, Protest und Widerstand gegen die Eltern, Langeweile und depressive Stimmung.

Du siehst, keines dieser Motive entspricht einem starken Typen, jedes weist auf Schwachstellen der Persönlichkeit hin. Was also ist am Trinken so „cool"?!

VII. KAPITEL
SCHLANK SEIN UM JEDEN PREIS!

Probleme mit der Figur

Margit, 14 Jahre
Ich wiege bei einer Größe von 164 cm mindestens 58 kg. Es ist für mich besonders wichtig, wenigstens sieben Kilo abzunehmen, denn mit einer besseren Figur hat man's leichter im Leben.

Manuela, 17 Jahre
Obwohl ich nicht dick bin, bin ich doch der Ansicht, dass ich abnehmen muss. Da ich eine sehr kleine Brust habe, befürchte ich, dass diese, wenn ich ungefähr vier Kilo abnehme, noch kleiner wird. Meine Klassenkameradinnen behaupten, wenn ich abnehme, dann nehme ich zuerst an der Brust ab, hingegen der Po, Hüften und Schenkel bleiben, wie sie sind. Nun weiß ich nicht, was ich machen soll.

Verena, 15 Jahre
Ich war lange Zeit mollig. Ich habe es geschafft, abzunehmen. Aber mein Problem ist, dass ich genau an den Stellen abgenommen habe, wo ich es gar nicht will. Der Po und die Oberschenkel sind genauso dick wie früher. Wie kann ich an diesen Stellen abspecken?

Corinna, 13 Jahre
Ich fühle mich so hässlich, weil ich dick bin. Alle sagen, ich bin gar nicht dick. Aber ich sehe das anders. Ich möchte unbedingt abnehmen. Ich esse kein Frühstück, zu Mittag nur

ganz wenig und am Abend auch nicht so viel. Ich mache Gymnastik, aber trotzdem werde ich nicht dünner. Was soll ich tun?

Sandra, 12 Jahre
Ich habe wahnsinnige Probleme mit meiner Figur. Ich bin nicht dick, wie man sich das denken könnte, sondern im Gegenteil, ich bin nämlich total dünn, sozusagen „dürr". In der Schule ärgern sie mich immer und sagen „Bohnenstange" oder „Ötzi" zu mir. Dabei esse ich total viel, manchmal sogar, bis mir schlecht wird, nur um dicker zu werden. Aber es nützt alles nichts, ich nehme einfach nicht zu. Könnte es sein, dass das erblich ist, denn meine Mama war auch dünn? Wenn ich ihr von meinen Problemen erzähle, sagt sie nur immer: „Das kommt mit dem Alter. Später bist du froh, wenn du nicht zunimmst." Ich bin aber nicht froh!

Jeder Mensch wird mit einer genetisch festgelegten Anzahl von Fettzellen geboren, die sich in der Kindheit vermehren können. Im Zusammenwirken mit gewissen Stoffwechselreaktionen wird der Fettspiegel festgesetzt, der ausschlaggebend für das unterschiedliche Normalgewicht jedes Einzelnen ist. Demnach könnte also bei zwei Jugendlichen, die sich von klein auf völlig gleich ernährt haben, der eine dünn, der andere mollig sein. All das bedeutet, dass sich der Körper, seiner Veranlagung entsprechend, immer wieder auf sein vorprogammiertes Normalgewicht einpendeln wird (vorausgesetzt du peinigst ihn nicht und machst ihn nicht krank).
Genetisch bestimmt ist auch, an welchen Körperstellen sich mehr Fettzellen ansammeln werden. Du kannst mittels gezielter Gymnastik den dicken Po, die dicken Hüften, Bauch und Schenkel ein wenig korrigieren, aber eben nur ein wenig. Bedenke auch, dass bei Mädchen breitere Hüften, der ausgepolsterte Po und dickere Schenkel naturbedingt der weiblichen

Figur entsprechen, dass nur wenige Mädchen eine knabenhafte Figur geerbt haben.

So wie es „Schicksal" ist, ob du groß- oder kleinwüchsig bist, so ist dir auch deine Figur „gegeben".

Warum hat das Körpergewicht, die Figur einen dermaßen hohen Stellenwert, dass vor allem Frauen und Mädchen beinahe ihr Lebensglück davon abhängig machen? Jede Zeit hat ein bestimmtes Schönheitsideal, das vom Modetrend geprägt und als nachahmenswertes Modell allgemein propagiert wird. Was in diesem Jahr als „schön" gilt, das kann nächstes Jahr bereits wieder „out" sein. Modetrends beeinflussen den individuellen Geschmack. Wie sehr und wie weit sich jemand davon lenken lässt, hängt von seiner Selbstsicherheit ab. Derzeit sind dynamische, sportliche, „coole" Menschen „in". (Übrigens, „cool" ist auch ein Modewort. Wahrscheinlich wirkt es in wenigen Jahren bereits antiquiert.) Eine mollige Figur passt nicht gut in dieses Bild.

Auffallend ist jedoch, dass weitaus weniger Männer sich mit ihrer Figur so intensiv auseinander setzen und unbedingt dem diesbezüglichen „Idealbild" entsprechen wollen. Obwohl Frauen an und für sich eher für einen sportlichen Typ schwärmen, finden auch „Bierbauch-Typen" bei ihnen Anklang. Letztendlich sind das Verhalten, die Ausstrahlung und das Auftreten des Mannes für seine Attraktivität bei Frauen viel ausschlaggebender. Jedoch beeinflusst der Trend der Zeit auch wieder, welches Verhalten, welches Auftreten man als attraktiv bewertet. Das bekommen zwar nicht die „Bierbauch-Typen" zu spüren, die sensiblen, unsicher wirkenden Männer hingegen schon.

Der Frauenkörper wird viel mehr vermarktet als der männliche. Es gleicht einer Gehirnwäsche, wie wir immer wieder von allen Medien eingetrichtert bekommen, wie „frau" auszusehen hat, um erfolgreich und begehrenswert zu sein. Topmodels gelten als Vorbild. Sie haben und erreichen alles, wonach „frau" sich sehnt. So scheint es. Aber dass der Schein oft trügt, das weiß nur der, der hinter die Glamourfassade blicken kann. Topmodels haben in ihrem Privatleben bestimmt keine glücklicheren Beziehungen als jede Durchschnittsfrau auch.

Es ist absolut nichts dagegen einzuwenden, wenn jemand auf seine Figur bedacht ist. Das Gewicht zu kontrollieren, den Körper zu pflegen gehört zum positiven „Outfit" eines Menschen, der sich wohl fühlen und etwas darstellen möchte. Es trifft zu, dass auch das Aussehen Bedeutung hat, dass es den ersten Eindruck, den andere von einem bekommen, beeinflusst. Das Aussehen ist wichtig, aber nicht *so* ausschlaggebend, wie viele Jugendliche, vor allem Mädchen, das glauben!

Ein flüchtiger „Minutenkontakt", der vorwiegend nur die optische Wahrnehmung zulässt, weckt vielleicht das Interesse, aber er allein führt noch nicht zu einer Beziehung. Sie entwickelt sich erst im Laufe der näheren Bekanntschaft, aufgrund der sympathischen Ausstrahlung, der netten, ansprechenden Art eines Menschen. Glaub nun nicht, dass andere nach dem ersten flüchtigen Eindruck von dir gleich das Weite suchen, nur weil deine Figur deinem Idealbild nicht entspricht.

So ein Fall träte nur dann ein, wenn der andere ein „ausgemachter Idiot", also für dich ohnehin bedeutungslos wäre. Die Wahrscheinlichkeit, dass deine Befürchtung sich bewahrheiten könnte, ist dermaßen gering, dass du sie getrost vergessen kannst. Ausschlaggebend ist *deine* Einstellung zu dir und deiner Figur. Wenn du selbstbewusst und locker auftrittst, eine unkomplizierte, fröhliche Art ausstrahlst, dann wirkst du anziehender als mit einer vielleicht qualvoll erreichten Modelfigur ohne ansprechenden „Inhalt". Achte auf deine Figur, lass dich nicht gehen, aber mach dich nicht zum Sklaven von Äußerlichkeiten, überbewerte sie also nicht! (Wie dir das gelingt? Das weißt du, wenn du dieses Buch bis hierher gelesen hast.)

Wenn du ein reichliches Frühstück zu dir nimmst, dich zu Mittag ausgewogen ernährst, zwischendurch nichts unkontrolliert in dich hineinstopfst, wenn du ungefähr ab 16 Uhr nur mehr bescheiden isst, dann brauchst du nicht zu befürchten, dick zu werden.

Wie gesagt, dein persönliches Normalgewicht ist durch die Veranlagung und den Stoffwechsel bestimmt. Ich gebe dir als Orientierungshilfe den „Broca-Index" an, nach dem du dein Normalgewicht errechnen kannst: Schreib deine Körpergröße in Zentimeter auf und zieh davon 100 ab. Von diesem Ergebnis errechnest du 10%, ziehst diesen Betrag ab, um das Normalgewicht zu berechnen. Ein Beispiel:

Du bist 160 cm groß. $160 - 100 = 60$

$$10\% \text{ von } 60 = 6$$
$$60 - 6 = 54$$

Dein Normalgewicht beträgt ca. 54 kg.

Übergewicht

Christian, 14 Jahre
Ich habe keine Freunde, weil ich Übergewicht habe. Ich wiege 89 kg, bin aber nur 165 cm groß. Alle Schüler sagen zu mir „Straßenwalze" und machen blöde Witze über mich. Wenn ich sie verpetze, verhauen sie mich nachher. Ich weiß nicht, was ich tun soll. Ich schaffe es nicht, abzunehmen. Am liebsten würde ich nicht mehr in die Schule gehen.

Vroni, 13 Jahre
Ich bin 1,55 groß und wiege 70 Kilo. Ich möchte wissen, ob Wundermittel, die im Fernsehen und in Illustrierten gezeigt werden, wirklich das halten, was sie versprechen. Oder wird man davon krank? Ich möchte wissen, ob man so was nehmen darf, denn ich bin schon ganz unglücklich von dem ewigen: „Du musst endlich abnehmen!" Welches wirksame Mittel kann ich gefahrlos nehmen? Mit einer Diät wird das sowieso nichts bei mir.

Christine, 15 Jahre

Ich habe ein Problem, das vielleicht albern klingt. Es geht um das Essen. Ich bin zwar noch nicht richtig dick, aber auf dem besten Weg dazu. Ich bin nämlich draufgekommen, dass ich meine Probleme und vor allem meine riesengroßen Minderwertigkeitskomplexe dauernd durch Essen lösen möchte. Ich esse dann so viel (vor allem Süßigkeiten), bis mir total schlecht ist. Dann fühle ich mich komplett niedergeschlagen. Ich weiß ohnehin, dass es nichts bringt, so viel zu essen. Ich will es ja auch nicht, aber ich tu es dann trotzdem. Ich möchte dieses Problem alleine lösen, ohne fremde Hilfe, denn ich würde mir sonst lächerlich vorkommen. Ich möchte endlich wie ein normaler Mensch leben, mich nicht, wenn ich Probleme habe, vollstopfen. Mir sagen zwar viele, dass ich hübsch bin, aber ich fühle mich hässlich. Mich mögen zwar viele gern, aber für mich ist das zu wenig Bestätigung.

Mario, 12 Jahre

Hilfe, ich bin zu dick. In der Schule lachen sie mich aus und sagen „Fettsack" zu mir. Meine Mutter sagt, ich solle mir nichts draus machen, ich sei gar nicht so dick. Ich will aber abnehmen und weiß nicht, wie.

Es gibt Leute, die können essen, so viel sie wollen, und nehmen nicht zu. Bei anderen wiederum scheint es, dass sie bereits beim bloßen Anblick von Speisen dick werden. Nicht jeder Schlanke ist ein disziplinierter Esser, nicht jeder Dicke ist ein Vielfraß. Wie dick oder dünn man ist, hängt nicht nur von den Essgewohnheiten ab, sondern auch von der Veranlagung. Was genetisch festgelegt ist, kannst du nicht durch äußere Einflüsse verändern.

Meistens ist am Übergewicht jedoch das falsche Essverhalten schuld. Der Grund für schlechte Essgewohnheiten kann an der Erziehung liegen, etwa wenn das Essen in der Familie einen hohen Stellenwert hat. Der Teller wird vollgeladen, alles muss aufgegessen werden, ohne Rücksicht darauf, ob man bereits satt ist. Von klein auf wird man mit Süßigkeiten belohnt, Naschereien sind fast immer zur Hand. Der Happen zwischendurch, die Knabbereien während des Fernsehens, das unregelmäßige, hastige Schlingen, all das lässt das natürliche Gefühl der Sättigung verschwinden. Das unkontrollierte, gedankenlose Essen, das Vollstopfen werden erlernt und automatisiert.

Essen bedeutet auch Lustgewinn oder Befriedigung. Unangenehmes Empfinden und negative Gedanken können dadurch abgelenkt werden. Essen wirkt durch diese doppelte Verstärkung unmittelbar belohnend. Dieser sofort entstehende positive Effekt bewirkt, dass man sich gedrängt fühlt, Essen immer wieder zur seelischen und körperlichen Befriedigung einzusetzen, um dem Unbehagen, der Nervosität zu entgehen. Der starke Belohnungseffekt erschwert es enorm, sich das richtige Essverhalten anzugewöhnen.

Du brauchst also viel Willenskraft, wenn du gegen das Dicksein ankämpfen möchtest. Die Willenskraft holst du dir durch Motivation. Um dich motivieren zu können, darfst du seelisch nicht allzu sehr belastet, nicht durch Komplexe geschwächt sein. Es heißt also wieder, wie du dir als Leser dieses Buches schon denken kannst: du musst dich zuerst mit deinem Selbstwertgefühl beschäftigen. Aufgrund der Kenntnisse über deine positiven Eigenschaften und Fähigkeiten weißt du, dass du es schaffen kannst, richtiges Essverhalten zu erlernen. Du musst dir immer wieder fest vorsagen: „Ich kann, denn ich bin ICH!"

Wie gelangst du zu deinem Normalgewicht?

Ich werde dir keine Diät nennen, denn es gibt *keine* Diät, die dich zum schlanken Menschen macht! Jetzt denkst du wahrscheinlich, dass das nicht stimmen kann, sonst würden nicht so viele Menschen auf Diäten schwören. Natürlich nimmt man durch Diäten einige Kilos ab. Aber, kaum isst man wieder normale Kost, nimmt der Körper rapid wieder an Gewicht zu.

Dieser Vorgang ist die Überlebensstrategie des Körpers. Er kann nicht wissen, dass es bewusst eingesetzte Hungerkuren gibt, für ihn bedeutet die plötzliche karge Nahrungszufuhr Hungersnot, von der er nicht weiß, wie lange sie anhalten wird bzw. wann sie wieder eintritt. Um möglichst lange zu überleben, versucht er, Brennstoff zurückzuhalten, indem er weniger Kalorien verbrennt. Dadurch nimmt man dann auch bei geringen Nahrungsmengen zu. Um diesen Vorgang zu verhindern, müsstest du permanent hungern, den Körper kasteien. Das schafft man aber nur durch Fanatismus, und der fügt nicht nur dem Körper schwere Schäden zu, sondern führt auch zur äußerst gefährlichen psychischen Krankheit Anorexie (Magersucht).

Schlank auf gesunde Art wirst und bleibst du also nur, wenn du nach und nach den Körper an ein neues Essverhalten gewöhnst, und dazu brauchst du ein Programm.

Vorher aber noch eine wichtige Bemerkung: Wenn du starkes Übergewicht hast, musst du unbedingt zum Arzt gehen! Nur er kann abschätzen, ob es reicht, das Essverhalten zu ändern, oder ob du medizinische Unterstützung benötigst.

Das Schlankheitsprogramm

Bevor du beginnst, dein Essverhalten zu verändern, musst du zwei Wochen hindurch alles aufschreiben, was und wie viel du zu welcher Tages- oder Nachtzeit isst. Falls es irgendeinen Vorfall, einen seelischen Grund gegeben hat, der dich zum Viel-Essen verleitet hat, sollst du ihn ebenso notieren. Die Aufzeichnungen sind sehr wichtig, weil du daraus genau ersehen kannst, ob und wann du ein „Frustesser" bist oder ob das unkontrollierte Essen nur Gewohnheit ist. Weiters dienen sie dazu zu erkennen, wo deine größten Essfehler liegen, was du an Essgewohnheiten beibehalten darfst, worauf du verzichten lernen sollst usw.

Nun stelle dich auf die Waage und notiere dein Gewicht. Anschließend verstecke die Waage, denn während der nächsten Wochen darfst du sie nicht benützen. Der Grund dafür ist, dass du bei diesem Training nicht so bald an Gewicht verlieren wirst. Das könnte dich entmutigen und dazu veranlassen, vorzeitig mit dem Training aufzuhören. Das Programm ist darauf ausgerichtet, dein Essverhalten für „ewig" zu verändern und somit dein erwünschtes Gewicht zu halten. Es ist also kein sensationeller, rapider Gewichtsverlust zu erwarten. Das soll auch nicht so sein, denn sonst würdest du in den Teufelskreis der immer wieder benötigten Diäten geraten.

Besinne dich nun auf alle Motive, die dich dazu bewegen, das Trainingsprogramm durchzuführen. Konzentriere dich darauf, was es für dich bedeutet, wenn du dich wohl in deiner Haut fühlst, wenn du keine Essprobleme hast. Stütze dich durch ein überzeugtes: „Ich weiß, ich kann, denn ich bin ICH!" Bilde aus deinen Motiven prägnante Sätze, die dich ermutigen und stärken. Diese Motivationssätze sollen, während du das Programm durchführst, deine ständigen Begleiter sein.

Zuallererst sollst du folgende Regeln beachten:

- Verbinde niemals Essen mit einer anderen Tätigkeit (lesen, fernsehen usw.).

- Iss nur im Sitzen und nimm dir ausreichend Zeit dafür. Schling das Essen nicht hinunter, sondern kaue jeden Bissen bedächtig und genieße ihn voll bewusst. Lehn dich während des Kauens zurück, leg das Besteck auf den Tisch und nimm es erst für den nächsten Happen wieder in die Hand.

- Gib immer nur kleine Portionen auf deinen Teller. Bevor du nachlangst, überprüfe, ob du nicht schon satt bist.

Vergiss nicht auf deine Motivationssätze!

Schreib dir diese Regeln auf und vermerke täglich bei jeder Regel ein Pluszeichen, wenn es dir gelungen ist, sie einzuhalten. Dadurch ist es leichter für dich, die Fortschritte zu kontrollieren.

Wenn du diesen ersten Programmpunkt geschafft hast, wirst

du allein dadurch schon weniger gegessen haben. Nun nimm die Aufzeichnungen über deine alten Essgewohnheiten zur Hand. Erstelle eine Rangliste jener fetten Speisen und Naschereien, die du ab nun nach und nach reduzieren solltest. Wenn erforderlich, musst du auch die möglichen Verlockungen aufschreiben, denen du immer wieder erliegst. In diese Liste schreibst du ganz oben jene Dinge hin, auf die du leicht verzichten kannst, ganz unten jene, wo dir der Verzicht besonders schwer fällt. Auf diese Weise entsteht eine Verzichtshierarchie. Für die nächsten Tage oder Wochen (je nach Übungsmöglichkeit und Übungserfolg) nimmst du dir fest vor, zunächst die Speise zu reduzieren, die an erster Stelle in der Rangliste steht bzw. auch die erste „Verlockung" zu vermeiden.

- Wann immer du in Versuchung kommst, konzentriere dich auf deine „Motivationssätze".

- Zeichne jeden Erfolg auf, damit du besser erkennst, wie viel du schon erreicht hast.

- Wenn du den ersten Punkt der Rangliste im Griff hast, dann nimm dir den nächsten vor usw., bis du alle Punkte der Rangreihe abgehakt hast.

Einen Monat, nachdem du mit diesem Programm begonnen hast, darfst du dich wieder auf die Waage stellen. Wenn du dein Training konsequent durchgehalten hast, wirst du sehen, dass du abgenommen hast.

Arbeite auch an deinem Seelenzustand, damit du nicht aus Frust oder Langeweile wieder in das alte Essverhalten verfällst. Du weißt, wie das geht: Gefühle aussprechen, sie akzeptieren, auf das Selbstwertgefühl besinnen und dich dadurch ermutigen; angenehme Aktivitäten suchen und ausüben, dich auf deine Motivationssätze konzentrieren.

Glaub an dich, *du kannst es!*

Nun brauchst du nur noch das neu erworbene Essverhalten einige Zeit hindurch nach dieser Methode zu festigen, bis es, ohne dass du daran denken musst, automatisch funktioniert.

Du darfst dir dann ruhig ab und zu eine kleine Sünde erlauben, du musst nicht auf alle Köstlichkeiten verzichten. Es besteht keine Gefahr, wieder dick zu werden, denn du hast gelernt, kleine Mengen zu genießen und nicht mehr gierig, unmäßig und unkontrolliert alles in dich hineinzustopfen. Werde kein Sklave der Waage. Es genügt, wenn du dich alle zwei bis drei Wochen abwiegst, um dein Gewicht zu kontrollieren. Solltest du wieder zugenommen haben, überprüfe, was sich an deinem Essverhalten verändert hat.

Bulimie („Fress-/Kotzsucht")

Karin, 14 Jahre
Ich habe ein riesiges Problem, über das ich noch mit niemandem gesprochen habe. Als mein Freund mit mir Schluss machte, da hat mich einfach alles angekotzt. Im wahrsten Sinne des Wortes. Ich fing an, alles, was ich gegessen hatte, wieder auszukotzen. Ich fühlte mich danach so frei und zufrieden. Ich erbrach manchmal am Tag fünf- bis sechsmal. Das ist jetzt ein Jahr her. Der Freund ist mir gleichgültig geworden, aber ich kann mit dem Kotzen noch immer nicht aufhören. Mein erster Weg nach dem Essen führt aufs Klo. Ich schäme mich so dafür. Ich kann mit niemandem darüber reden. Es ist mir auch schon so schwer gefallen, diesen Brief zu schreiben. Doch ich halte es für besser, dass ich es nun losgeworden bin und mein Problem nicht noch länger in mich hineinfressen muss. Was kann ich tun, damit ich nicht mehr so oft erbreche?

Silvia, 14 Jahre
Ich habe ein riesiges Problem fast überwunden. Ich war ein Jahr lang magersüchtig und anschließend hatte ich Bulimie. Begonnen hatte alles mit nur Abnehmen. Das war mir zu

langsam. Dann folgte Essenverweigern, bis ich ganz davon besessen war, gar nichts mehr zu essen. Es waren schlimme Monate. Meine Mutter merkte nichts davon. Als ich jedoch sehr krank wurde, stellte der Arzt natürlich gleich fest, dass ich untergewichtig war. Ich machte eine Therapie und bekam wieder Lust aufs Essen. Es schmeckte mir immer mehr. Ich begann, Süßigkeiten und Knabbereien in mich hineinzustopfen. Da kam ich auf die Idee, alles ins Klo zu kotzen. Momentan fühlte ich mich erleichtert, dann ging es mir gleich wieder mies. Reden konnte ich mit niemandem darüber. Ich schrieb alles in mein Tagebuch und weinte. Ich tat mir selbst immer leid. Kam mir blöd vor, dass ich Schokolade und fettige Chips so hineinstopfte. Ich nahm zwei Kilo zu. Auch durch das Erbrechen habe ich sie nicht mehr runterbekommen. Ich bekam Wut und Zorn auf mich, bis ich mir sagte: „Geschieht dir recht! Was ernährst du dich nicht richtig?!" So hab ich mir das Erbrechen abgewöhnt.

Nun aber zu meinem Problem: Ich hatte „vorher" schon dreimal die Regel. Jetzt habe ich sie schon über ein Jahr nicht mehr. Ich will sie wieder haben. Was kann ich tun, damit sie wieder kommt? Ich habe gehört, dass man ein Gewicht über 45 kg braucht, um die Regel zu bekommen. Stimmt das wirklich? Gehen mir irgendwelche Vitamine, Spurenelemente oder sonst was ab? Was und wie soll ich essen?

Verena, 15 Jahre
Vor einem Jahr nahm ich zehn Kilo ab. Das gelang mir natürlich nicht im Schnellverfahren, es war langwierig. Ich stieg jeden Morgen auf die Waage und trug mein Gewicht in eine Tabelle ein. Obwohl ich mein Ziel – 48 Kilo – in etwa erreicht habe, schreibe ich mein Gewicht immer noch auf und habe ständig Angst, wieder zuzunehmen. Ich habe schon einen Tick mit der Waage. Außerdem habe ich fast täglich eine Gier auf Schokolade etc. Dann gebe ich diesem Gefühl

nach und verschlinge alles an Süßigkeiten. Nachher überkommt mich eine tiefe Reue und ich erbreche daher alles wieder. Da ich viele Bücher über Ernährung und Diät lese, weiß ich, dass ich schon Bulimie haben könnte. Ich will es aber anscheinend nicht wahrhaben. Ich finde es jetzt schon normal, das Gegessene wieder zu erbrechen. Ich habe panische Angst bei jedem Kilo, das ich manchmal zunehme, weil ich glaube, dass mich dann keiner mag. Dabei sagen alle, dass ich dünn bin, aber ich sehe mich nicht so. Vielleicht spielt auch eine Rolle, dass ich, bevor ich abgenommen habe, oft gehänselt und verspottet wurde. Wie kann ich mir das alles abgewöhnen?

Christa, 15 Jahre

Ich habe lange überlegt, ob ich diesen Brief schreiben soll, aber meine Probleme fangen an, mir über den Kopf zu wachsen. Im Moment kommt es mir vor, als würde mein ganzes Leben wie ein Kartenhaus zusammenstürzen. Ich weiß gar nicht, wie ich anfangen soll.

Am schlimmsten ist es seit drei Monaten, denn da hat das mit dem Erbrechen begonnen. Ich kann einfach nur mehr ans Essen denken, rund um die Uhr, obwohl ich nie Hunger habe. Ich fresse alles in mich hinein. Danach packt mich das schlechte Gewissen. Ich schleiche mich in einem unbeobachteten Moment aufs Klo, um alles zu erbrechen. Einmal bemerkte es meine Mutter. Sie war entsetzt und fragte mich, warum ich das täte. Ich konnte ihr nicht antworten, weil ich es selber nicht genau weiß. Sie wollte mit mir in eine Therapie gehen, aber ich weigerte mich, bis meine Mutter nachgab. Seit diesem Zeitpunkt beobachtet meine Mutter genau, was ich esse und danach mache, doch ich finde immer wieder eine Möglichkeit, heimlich zu erbrechen. Ich habe viele, lange Gespräche mit meiner Mutter geführt, und jedes Mal habe ich mir vorgenommen, mich zu bessern. Aber immer wieder kaufe ich mir

Süßigkeiten und gehe dann erbrechen. Ich weiß, wie gefähr-lich Bulimie ist, aber eine Therapie will ich nicht. Ich muss es schaffen, da rauszukommen!

Es klingt vielleicht so, dass bei uns zu Hause alles in Ordnung wäre, aber so ist es nicht. Es geht bei uns fürchterlich zu. Jeden Tag gibt es Streit. Meistens ist meine Schwester daran schuld. Sie brüllt sofort los. Meine Eltern tun kaum was dagegen, meine Mutter heult nur. Ich halte es kaum mehr aus daheim. In der Schule geht es mir gut, fast jeder mag mich. Nur eines macht mir zu schaffen: Die meisten meiner Freundinnen haben oder hatten schon einen Freund, ich aber noch nie. Das macht mich fertig.

Bulimie (Bulimia nervosa) ist dann gegeben, wenn wiederholte Anfälle von Essattacken auftreten, bei denen man in kurzer Zeit große Mengen in sich hineinschlingt. Man beschäftigt sich in übertriebener Weise mit der Kontrolle des Körpergewichts, und es besteht eine übertriebene Furcht davor, dick zu werden. Das führt dazu, dass man nach jedem Essen durch Erbrechen oder Missbrauch von Abführmitteln der Kalorienzufuhr entge-genwirkt. Auch Hungerperioden und Appetitzügler werden eingeschaltet. Man setzt sich eine strenge Gewichtsgrenze und ist fanatisch darauf bedacht, sie nicht zu überschreiten. Oft ist der Bulimie bereits eine anorektische (magersüchtige) Periode vorausgegangen oder es kann ihr eine nachfolgen.

Abgesehen davon, dass jede psychische Störung – und als solche ist Bulimie zu bezeichnen – psychotherapeutisch behan-delt werden muss, nötigt dich bald die enorme gesundheitliche Gefährdung, fachliche Hilfe in Anspruch zu nehmen. Die Fol-geschäden der Bulimie können u. a. sein: epileptische Anfälle, Herzrhythmusstörungen, Muskelschwäche, Schädigungen der Speiseröhre und des Magens. Bulimische Patienten haben auch häufig depressive Symptome.

Wenn du Bulimie hast, weißt du ganz genau, dass du an einer

schweren psychischen Störung leidest. Dennoch fehlt dir meist der Antrieb und vielleicht auch der Mut, dich in die unbedingt erforderliche psychotherapeutische Behandlung zu begeben. Die viel zu schwache Motivation, rechtzeitig etwas gegen die Störung zu unternehmen, ist durch die mächtige Gegenwirkung der beiden als unmittelbar belohnend erlebten Merkmale der Bulimie bedingt: 1. die Fressattacke, 2. das Erbrechen. Aber diese „Belohnung" ist trügerisch.

Die Fressattacke befriedigt nicht nur die Gier, die Esslust, auch der Seelenkummer und die Unzufriedenheit werden hinuntergeschlungen. Die innere Unruhe oder die depressive Verstimmung ist in diesem kurzen Zeitraum des Vollstopfens – aber nur dann! – vergessen. Durch diesen Scheinerfolg wird der Drang, sich bei jeder psychischen Belastung anzufressen, verstärkt. Die Panik vor der Gewichtszunahme tritt nun als negative Folge ein. Um sich der Angst, des schlechten Gewissens zu entledigen, erbrichst du. Seelischer und körperlicher Ballast wird ausgeworfen, du fühlst dich sofort erleichtert. Diese unmittelbar eintretende Entlastung hält das Erbrechen als vermeintliche „Lösung" aufrecht. Du bist daher nicht oder nicht ausreichend motiviert, die Fressattacken zu bekämpfen. Du steckst in der Zwangsjacke eines teuflischen Selbstbetrugs.

Den kurzfristigen „Verstärkern" für die „Fress-/Kotzsucht" folgen unweigerlich wieder depressive Phasen, innere Leere oder allgemeine Unzufriedenheit. Du lernst nicht, Schwierigkeiten zu bewältigen, mit Konflikten umzugehen, eigene Kräfte aufzubauen, du verlierst jedes Körpergefühl. Du schwächst dich immer mehr und machst dich zum Sklaven deiner Probleme, die dir bald über den Kopf wachsen. Es ergeht dir letztendlich nicht viel anders als den Drogenabhängigen.

Da es dir einerseits an Selbstwertgefühl mangelt (wie sollte es anders sein!) und andererseits der Bulimie meist auch noch zusätzliche psychische Ursachen zugrunde liegen, ist eine psychotherapeutische Behandlung vonnöten. Das bedeutet, dass du die Hürde überwinden und die Eltern über dein Problem ehrlich informieren musst. Den Mut dazu bekommst du nur, wenn du dich von dem Selbstbetrug löst, dir bewusst machst, welche Unsicherheit und Schwäche, welcher Seelenkummer dich dazu treibt, in den gefährlichen Kreislauf zu geraten.

Mach dir die unvermeidlichen Folgewirkungen (auch die enorme finanzielle Belastung, die das Einkaufen der „Fressalien" bedeutet!) klar. Erkenne, dass du mit der Bulimie nur einen kurzfristigen Scheinerfolg erreichst, dass du durch den fanatischen Drang, der dein Leben bestimmt, zwar das Gewicht hältst, aber *nicht* zu den eigentlichen Zielen gelangst: mit dir zufrieden zu sein, beliebter und anerkannter zu werden!

Wenn du überzeugt bist, dass die Eltern überhaupt kein Verständnis dafür aufbringen werden, dass du fachliche Hilfe benötigst, dann wende dich an eine Person deines Vertrauens (Lehrer, Verwandte, Mutter von Freunden u. a.), von der du annimmst, dass sie auch von deinen Eltern respektiert wird. Es ist manchmal erfolgversprechender, sich von jemandem vertreten zu lassen, bei dem die Eltern gefühlsmäßig nicht so verstrickt sind wie bei dir. Meistens jedoch ist es hilfreicher, das persönliche Gespräch mit den Eltern zu führen. Allein schon das Aussprechen all der Probleme entlastet dich enorm. Außerdem bist du davon befreit, ständig Acht geben zu müssen, dass die heimlichen Aktionen nicht entdeckt werden. Wenn die Eltern an dir interessiert sind (und das ist wohl anzunehmen), ist es klar, dass sie entsetzt und voll Sorge reagieren werden. Du kennst ihre Art, stell dich darauf ein. Sei nicht feig und vermeide nicht die Aussprache mit deinen Eltern, die dir früher oder später (leider oft zu spät!) ohnehin nicht erspart bleibt.

Die Scheu vor der Psychotherapie kannst du leicht überwinden, wenn du folgende Argumente der spontanen Abwehr gegenüberstellst: Erstens wirst du nur zu einer Psychotherapeutin (oder einem Psychotherapeuten) gehen, zu der/dem du Vertrauen fasst. Zweitens weißt du, wie wichtig für dich verständnisvolle

Gespräche und Aussprachen sind. Mach dir drittens bewusst, dass du allein schwerlich aus dem Teufelskreis der Bulimie herausfindest, dass du dabei unterstützt werden musst, die Probleme zu bewältigen und dich seelisch zu stärken.

Bulimie ist heilbar. Heilsamer ist es, wenn du rechtzeitig die Gefahren deiner Schwäche erkennst und sofort etwas dagegen unternimmst. Bevor du in Fressattacken verfällst oder/und das Erbrechen als Maßnahme gegen die Angst setzt, das erwünschte Gewicht nicht erreichen oder halten zu können, versuche an dir zu arbeiten (Selbstwertgefühl!), vielleicht gelingt es dir dann allein, gar nicht erst in den Teufelskreis zu geraten.

Magersucht (Anorexie)

Margit, 13 Jahre
Eigentlich ist es zum Totlachen, aber ich finde es nicht spaßig. Meine Lehrerin sagte mir kürzlich, dass ich sicher magersüchtig sei. Sie fragte mich, wie ich esse. In der Früh kann ich nichts essen, zu Mittag ein wenig, am Abend nichts. Aber das heißt doch noch lange nicht, dass ich magersüchtig bin, oder?!! Im Gegenteil, ich finde, ich sollte noch ein paar Kilo abnehmen. Die Lehrerin denkt, ich hätte viele Probleme und wollte mit mir darüber reden. Ich meine aber, sie interessiert sich gar nicht wirklich für meine Probleme, sie gehen sie auch nichts an. Was soll ich machen, wenn die Lehrerin weiterhin so blöd redet?

Ina, 14 Jahre
Ich habe ein ziemlich großes Problem. Im Sommer nahm ich sechs Kilo ab, obwohl ich eigentlich nicht dick war. Ich aß kaum mehr etwas und zählte sozusagen jede einzelne Kalorie. Seither bin ich nicht mehr gewachsen und meine Periode setzte aus. Meine Eltern machen sich Sorgen, weil ich bei

163 cm „nur" 44 Kilo habe. Sie drängen mich mehr zu essen, aber ich bleibe stur. Im Großen und Ganzen bin ich zufrieden, aber es verunsichert mich doch ein wenig, dass ich aussehe wie höchstens zwölf, obwohl ich bald 14 werde. Warum wachse ich nicht mehr? Ich möchte meine Figur so behalten, wie sie ist. Muss ich trotzdem mehr essen, damit sich bei mir alles wieder einrenkt? Meine Mutter drohte mir mit dem Frauenarzt und meinte, dass ich schwere Gesundheitsschäden davontragen würde. Ist das wahr? Kann meine Periode für immer aussetzen und mein Wachstum für immer gestoppt sein? Ich möchte wirklich nur im äußersten Notfall zu einem Arzt. Im Badeanzug schaue ich wirklich viel jünger aus, als ich bin, weil ich keine Hüften, keine Brüste habe. Ich weiß nicht, was ich tun soll.

Sia, 13 Jahre
Ich machte vor vier Monaten eine Hungerdiät. Da sie leider nichts genützt hat, habe ich mir angewöhnt, möglichst wenig zu essen. Das ist nicht mein Problem. Mein größtes Problem ist, dass ich seit der Hungerkur meine Monatsblutung nicht mehr habe. Jetzt habe ich höllische Angst, dass bei mir etwas nicht in Ordnung ist. Aber ich traue mich nicht, das meinen Eltern oder Freunden zu sagen. Erstens ist es mir peinlich und zweitens würden sie sagen, ich müsse mehr essen. Kann man sich schaden, wenn man im Wachstum eine Hungerdiät macht? Ich möchte nicht zu einem Arzt gehen.

Magersucht (Anorexia nervosa) liegt vor, wenn der Gewichtsverlust durch krampfhaftes Vermeiden von kalorienreichen Speisen, durch asketische Nahrungsaufnahme und durch eine oder mehrere folgender Verhaltensweisen selbst verursacht oder herbeigeführt wird: Erbrechen, Einnahme von Abführmitteln, Gebrauch von Appetitzüglern, übertriebene körperliche Aktivitäten. Magersüchtige schätzen ihren Körper falsch ein, sie erleben ihn völlig anders, als es den Tatsachen entspricht. Das ist die Folge einer psychischen Störung, die sich in der fixen Idee ausdrückt, durch normales Essen zuzunehmen, und in der extremen Angst dick zu werden. Manchmal ist auch die Furcht davor, sich zur Frau zu entwickeln, dafür verantwortlich. Tritt die Erkrankung bereits vor der Pubertät auf, kommt es zu einem Wachstumsstopp, auch die Brust entwickelt sich dann nicht (bei Knaben bleiben die Genitalien kindlich). Beginnt sie während der Pubertät, kommt es zu einem Durcheinander der Hormone, die Regel bleibt aus.

Die Anorexie führt zu verschiedenen Körperfunktionsstörungen, zu Stoffwechselstörungen sowie zu Störungen der Insulinsekretion (man wird daher zuckerkrank). Nahrung ist Energiezufuhr! Der Mangel an Vitaminen, Spurenelementen, Mineralstoffen, die in der Anorexie stark reduzierten Verdauungsfunktionen schädigen unweigerlich die gesunde Weiterentwicklung des Körpers. Wer magersüchtig ist, *muss* sich in ärztliche Behandlung begeben, da die Unterernährung lebensbedrohend werden kann!

Die Ursachen der Magersucht sind nicht alle erfasst. Wann immer du z. B. bei einer Hungerkur ein herrliches Gefühl verspürst, das dich dazu bewegt, die normale Nahrungsaufnahme weiterhin zu verweigern, oder wenn du glaubst, dass jeder Bissen dich dick machen könnte, wenn du entgegen der Meinungen aller anderen überzeugt bist, weiter abnehmen zu müssen, wenn du eine starre Gewichtsgrenze festgesetzt hast, deren Einhaltung du fanatisch kontrollierst, wenn du deinen Körper ablehnst und ihn kasteist, dann kannst du sicher sein, anorektisch zu werden oder bereits magersüchtig zu sein. Mach dir nichts vor! Steh dazu, dass du stark gefährdet bist, und lass dir helfen, bevor es zu spät ist! Du hungerst, weil dir das Leben nicht lebenswert erscheint, wenn du normalgewichtig bist. Aber genau dadurch zerstörst du dein Leben erst richtig! Mach dir diese Absurdität rechtzeitig bewusst.

VIII. KAPITEL

PROBLEME MIT DEN ELTERN

Dagmar, 12 Jahre
In meiner Familie gibt es oft Streit. Gibt es das, dass die Eltern meine Schwester lieber haben als mich? Meine Mutter schreit mich oft wegen jeder Kleinigkeit an. Wenn meine Mutter Schuld hat, will sie es nicht zugeben. Ich kann mit meinen Eltern nicht reden, denn da werde ich gleich als frech bezeichnet und es wird wieder mit mir geschrien. Die Einzige, an die ich mich wenden kann, ist meine Katze. Wenn sie nicht wäre, wäre ich schon von zu Hause davongelaufen. Ich bekomme zwar viel von den Eltern geschenkt, aber ich habe keine richtige Freude daran. Meine Eltern werfen mir immer vor, was sie nicht alles für mich getan haben. Sie sagen auch, ich bin faul und mache für sie überhaupt nichts. Das tut mir weh, da ich glaube, dass ich mich schon bemühe.

Lena, 15 Jahre
Besonders seit ich einen Freund habe, hängt die Beziehung zu meinen Eltern schief. Sie haben nämlich Angst, dass ich mit ihm schlafe. Sie wollen, dass ich ihr „kleines Mädchen" bleibe. Am liebsten würde ich schon frei sein von meinen Eltern. Weil sie mich so gar nicht verstehen, habe ich oft Depressionen. Ich glaube nicht, dass 15 zu jung ist für eine Beziehung. Meine Eltern erlauben nicht, dass mein Freund mich besucht. Sie sagen: „Was werden die Leute von uns denken, wenn bei uns die Jungs aus und ein gehen!" Wenn sie das sagen, hasse ich sie. Unter der Woche darf ich nicht einmal bis 22 Uhr weggehen, aber all meine Freunde dürfen

das. Meine Mutter denkt, wenn ich einen Freund habe und so oft ausgehe, ist mir die Schule egal. Das stimmt aber nicht, denn ich will sie schaffen. Meine Eltern kennen mich nicht! Ich habe schon angefangen, mich mit dem Okkultismus zu beschäftigen, vielleicht hilft mir das, über meine Probleme hinwegzukommen.

Daniela, 16 Jahre

Ich gebe zu, ich bin keine Heilige, aber an meinem Problem habe ich am wenigsten Schuld von allen. Meine Eltern behandeln mich wie ein Kleinkind. Vor einigen Tagen wollte mein Vater mit mir reden. Doch wie erwartet, war es ein Tribunal: mein Vater der Richter und ich die Angeklagte. Er warf mir vor, ich redete nicht über meine Probleme, ich sei stur, frech, egoistisch und wild. Nach dem Gespräch sagte er noch, ich gefalle ihm nicht, er werde mich schon noch zurechtstutzen. Was soll ich da noch mit ihm reden?!

Christina, 13 Jahre

Meine Mutter ist echt unmöglich. Sie hat gesagt, dass das Fortgehen am Abend noch Zeit hat und dass ich auf dem Gebiet noch nichts versäume. Wenn ich mit einem Jungen spreche, heißt das doch nicht gleich, dass ich mit ihm gehe! Neulich hat sie eine Klassenkameradin von mir mit ihrem Freund schmusen gesehen. Sie sagt, dass sie sich schämen kann. Warum sollte sich meine Klassenkameradin schämen?! Meine Mutter bestimmt sogar, was ich anziehen soll. Wenn ich so altmodisch angezogen bin, lachen mich alle aus. Was kann ich gegen meine Mutter machen?

Martin, 15 Jahre

Meine Familie stinkt mich an. Ein falsches Wort von mir, und schon bin ich ein Arschloch. Wenn ich mich dann verteidige, dann sagen sie, dass ich schuld sei, wenn sie mich so schimpfen, denn ich bin immer frech. Zugegeben, ein wenig frech bin ich schon. Aber sie schimpfen doch auch!

Andrea, 14 Jahre
Ich habe ein riesiges Problem. Das Problem heißt Familie! Langsam fange ich an zu denken, dass sie mich gar nicht gewollt haben, dass ich nur ein „Sommernachtsunfall" bin. Über die Gefühle, die im Moment in mir herumschwirren, habe ich einen Text geschrieben:
„Ich falle und falle, doch niemand hört meine verzweifelten Hilferufe. Ich falle immer tiefer hinein in das schwarze Loch, es scheint niemals zu enden. Es hat mich verschlungen und spuckt mich nicht mehr aus. Das Loch besteht aus Angst, Hass, Wut, Trauer und Tränen. Und so falle ich immer weiter, immer tiefer. Niemand hört mich, niemand kann mir helfen. Denn jeder Mensch wird gerade in seinem eigenen schwarzen Loch um Hilfe schreien. Auch zu ihm wird niemand kommen."

„Versteht mich doch und nehmt mich ernst!"

Du hast dich nicht nur körperlich, sondern auch seelisch und geistig rapid weiterentwickelt. Du bist schon längst selbstständiger geworden. Deine Interessen und Ansichten sind geprägt von deinen altersgemäßen Bedürfnissen, vom Freundeskreis und vom Trend der Zeit. Du erlebst Gefühle intensiver, du bist empfindsamer. Du möchtest und sollst auch eigenständig, für dich selbst verantwortlich sein. Was dir wichtig erscheint, erkämpfst oder verteidigst du vehement. Du bist sicher, dass du das Recht hast, deine Wünsche durchzusetzen, da du dich am Beispiel einiger Gleichaltriger orientierst, die bereits weitaus freier leben dürfen. Du rebellierst dagegen, bevormundet und eingeengt zu werden, denn diese Behandlung zeigt dir, dass die

Eltern dich nicht verstehen und nicht ernst nehmen. Du hast, wie jeder Erwachsene auch, das Bedürfnis voll akzeptiert und als die Persönlichkeit geschätzt zu werden, die du bist und nicht als die, die andere von dir erwarten. Wenn deine Eltern dich kritisieren, dir Vorhaltungen und Vorschriften machen, erlebst du das als Zeichen mangelnder Liebe. Es tut dir weh, denn du brauchst viel positive Zuwendung und Anerkennung, um in dem seelischen Durcheinander ein wenig gestützt zu sein.

Du wehrst dich gegen Verletzungen, gegen vermeintliche Ungerechtigkeiten mit entsprechender Heftigkeit. Die Eltern verstehen jedoch diesen rau verpackten Hilferuf nicht, sie nennen dich frech, unverschämt, undankbar, und das kränkt dich noch mehr. Es heißt: „Das verletzte Tier beißt", ein Sprichwort, das auch für Menschen gilt. Du hast daher Phasen, in denen du aus dem „Beißen" nicht herauskommst. Du würdest gerade in dieser Situation viel Verständnis brauchen. Ohne diesen Halt fühlst du dich einsam, unglücklich und verfällst in depressive Stimmungen.

Es zählt für dich nur das Jetzt, die unmittelbare Befriedigung deiner Bedürfnisse. Die Forderungen der Eltern, vernünftig zu sein, auf gewisse Vergnügen zu verzichten, an Konsequenzen und an die Zukunft zu denken, empfindest du als fehlendes Verständnis für dich. Du fühlst dich reif genug, um zu wissen, was dir gut tut. Du bist gerade dabei, dich selbst zu finden. Dazu gehört, dass du den „gesunden Egoismus" trainierst. Dabei vergisst du oft zu unterscheiden, ob du dich auf „gesunde", also wirklich hilfreiche Weise behauptest oder ob du dich egoistisch fordernd und rebellierend verhältst. Die diesbezügliche Kritik der Eltern erlebst du daher fast immer als ungerecht.

Im Prozess der Selbstfindung möchtest du natürlich von den Eltern nicht mehr als Kind behandelt werden und willst von ihnen keine „Erziehung" mehr verpasst bekommen. Da du dir deiner selbst noch nicht sicher bist und nur weißt, dass du dich von den starren Regeln der Eltern freimachen willst, orientierst du dich an familienfremden Personen, die dich in irgendeiner Weise beeindrucken. Deshalb bist du leicht von Freunden oder imponierenden Personen (speziellen Cliquen, Stars, Sektenführern u. a.) zu beeinflussen. Die Eltern befürchten diesen Einfluss und wollen dich davon fern halten. Du kämpfst natürlich gegen diese Bevormundung an, und das drängt dich umso mehr, dich vom altgewohnten Einfluss der Eltern zu lösen. Du möchtest durch sie nicht eingeengt sein, um den Weg in deine neue Welt „frei" beschreiten zu können.

Du blockst daher gegen die Eltern ab. Du wehrst dich gegen sie, du empfindest manchmal sogar Gefühle, die du als „Hass" bezeichnest. Das heißt aber keineswegs, dass Vater und Mutter dir gleichgültig geworden sind oder dass du sie ablehnst. Im Gegenteil! Gerade weil sie dir wichtig sind, weil du von ihnen geschätzt und ernst genommen werden möchtest, stellst du dich gegen sie, wenn sie deinen Erwartungen und Wünschen nicht entsprechen.

Du leidest schrecklich unter dem Streit in der Familie. Du sehnst dich nach Geborgenheit und Harmonie. Gelingt es dir, das offen auszusprechen, erklären dir die Eltern, dass es auch an dir liege, etwas zur Harmonie beizutragen. Du glaubst, dass dir die Schuld am Familienstreit gegeben wird, und reagierst trotzig, beleidigt oder aggressiv. Durch dieses Verhalten gießt du Öl ins Feuer, der Konflikt zwischen dir und den Eltern flammt erneut auf. Du fühlst dich nun bestätigt, von der Familie nicht erwünscht und nicht geliebt zu sein. Du siehst keine Lösung des Problems, bist verzweifelt, willst ein drastisches Signal als Hilferuf setzen, vielleicht auch die Eltern bestrafen. Spontane, unüberlegte Fluchtgedanken treten auf, Gedanken an Davonlaufen oder gar Selbstmord. Dein „gesunder Ich-Anteil" hält dich von dem sinnlosen, selbstvernichtenden Schritt letztendlich ab, da du weißt, dass Flucht keine Lösung bringt. Du suchst Ersatz bei Freunden, in der Musik, bei Haustieren, verschließt dich vor den Eltern, und doch sehnst du dich im Grunde noch immer danach, von ihnen voll akzeptiert zu werden.

Konflikte lösen heißt einander verstehen

Du erwartest von den Eltern nichts anderes als faires, verständnisvolles Verhalten. Spontan wird jeder sagen, dass das sicher nicht zu viel verlangt ist. Es ist allen klar, dass Fairness und Verständnis die Basis jeder guten zwischenmenschlichen Beziehung und das Ziel in der Familie sein sollten.

Aber gerade diese beiden Werte sind furchtbar schwer in die Praxis umzusetzen, wenn man persönlich in den Konflikt verwickelt ist. Wer sich jedoch ehrlich bemüht, muss fähig sein, sich von seinen Erwartungen zu lösen, eigene Bedürfnisse, Interessen zurückzustellen, Sorgen, Bedenken, Wünsche und persönliche Vorteile beiseite zu schieben. Er muss beherrscht sein und verzichten können, er muss einsichtig sein und sich zurücknehmen können. Oft muss er dabei über den eigenen Schatten springen und menschliche (manchmal fast übermenschliche!) Größe zeigen. Nur ein in sich gefestigter, relativ unbelasteter Mensch ist daher imstande, in den meisten Situationen echte Fairness und wahres Verständnis aufzubringen.

Du selbst erlebst das oft am eigenen Leib, aber nicht nur als „Opfer", sondern auch als „Täter". Du erkennst zwar, dass du frech gewesen bist, dass du die Eltern vor den Kopf gestoßen, enttäuscht und hintergangen hast. Du weißt sehr wohl, welche Beweggründe die Eltern haben, wenn sie dir etwas untersagen oder von dir erwarten. Du weißt auch, dass sie als „Oldies" nicht „trendy" sind und daher in vielen Dingen andere (in deinen Augen „antiquierte" oder „spießige") Ansichten, dir übertrieben erscheinende Ängste und Bedenken haben. All das weißt du, aber willst du es auch verstehen? Du reagierst aggres-

173

siv, beleidigt, rebellisch, stur, eben egoistisch. Du willst nur deine Wünsche erfüllt sehen. Keine Spur von Fairness, kein Hauch von Verständnis für die Eltern kommt dabei auf.

Ich will dir das nicht vorhalten, dich keineswegs beschuldigen. Es ist mir klar, dass du als Jugendlicher deinen eigenen Weg suchen und ihn beschreiten musst. Das verführt leicht dazu, gewaltsam alte Normen abzuschütteln, sich auf derbe Weise zu behaupten. In der Phase, in der du darum kämpfst, dem erwachsen werdenden „Ich" zu entsprechen, in der du von Gefühlen, Bedürfnissen und Unsicherheiten gesteuert wirst, bleibt wenig Kraft, an andere zu denken.

Niemand erwartet von dir, dass du päpstlicher bist als der Papst, dass du reifer bist und mehr Größe zeigst als die meisten Erwachsenen. Besonders dann nicht, wenn dir die Eltern aufgrund eigener unbewältigter Probleme durch ihr liebloses Verhalten zeigen, dass du für sie nur ein Störfaktor in der Familie bist. So ein Verhalten tut schrecklich weh: Man kann unmöglich verlangen, dass du die Ursachen ihres Verhaltens bedenkst und Verständnis für sie aufbringst. Wenn du dich in dieser schwierigen Lage befindest, an der du verzweifelst, gegen die du rebellieren musst, dann wende dich unbedingt an Verwandte, an das Jugendamt oder an Jugendschutzzentren um Hilfe. Du allein kannst dieser Situation nicht gewachsen sein.

Das Problem mit dem unaufgeräumten Zimmer
Die meisten Auseinandersetzungen zwischen dir und den Eltern entstehen wegen deines unaufgeräumten Zimmers oder wegen deines Aussehens (Kleidung, Frisur, Piercing, Tatoos). Zu vielen Streitereien kommt es auch wegen eurer verschiedenen Auffassungen darüber, was du in deinem Alter an Freiheiten bereits oder noch nicht in Anspruch nehmen darfst.

Das Problem des unaufgeräumten Zimmers ist nur aus der Welt zu schaffen, wenn beide Teile kompromissbereit sind. Du findest, dass dein Zimmer *dein* Bereich ist, der nur dich etwas angeht. Du sollst dich darin wohl fühlen, und daher liegt es an dir zu entscheiden, ob und wann du aufräumen möchtest. Die diesbezügliche Kritik der Eltern siehst du als ungerechtfertigte Einmischung in deine Privatsphäre an. Du findest, dass die Eltern einen übertriebenen Ordnungssinn haben und dir diesen unberechtigterweise aufzwingen wollen. Es ärgert dich, dass sie dein Recht nicht respektieren, dein Zimmer gestalten zu dürfen, wie *du* willst.

Die Eltern wiederum denken, wenn ihr in einer gemeinsamen Wohnung lebt, sollten alle aufeinander Rücksicht nehmen, und da gehört es auch dazu, Ordnung zu halten. Sie erleben, dass sich die Unordnung nicht nur auf dein Zimmer beschränkt, da deine persönlichen Dinge auch in anderen Räumen verstreut sind. Es ist ihnen furchtbar lästig, ständig hinter dir nachräumen zu müssen. Sie finden auch deshalb, dass du dein Zimmer halbwegs in Ordnung halten solltest, damit richtig sauber gemacht werden kann. Die hygienischen Missstände machen nicht Halt vor deiner Zimmertür, und so wird der Rest der Wohnung in Mitleidenschaft gezogen. Das stört das Wohlbefinden der Eltern. Außerdem bewirkt die Unordnung, dass schmutzige Wäsche mit der sauberen durcheinander gerät. Obwohl du meinst, auch das sei einzig und allein deine Angelegenheit, sehen das die Eltern anders. Sie stellen sich dagegen, weil sie es sind, die für deine Bekleidung finanziell aufkommen, und weil letztendlich auch deine Eltern es sind, die sich um deine Wäsche kümmern, sie waschen und bügeln. Zusätzlich zu diesen Argumenten kommt noch, dass es für die Eltern enttäuschend und störend ist, wenn du dich gegen die Regeln der Familie stellst. Sie fühlen sich von dir (ebenso wie du dich von ihnen!) nicht ernst genommen, nicht respektiert. Sie empfinden dein Verhalten als rücksichtslos und egoistisch. Sie wollen, dass du dir keinen Charaktermakel anzüchtest. Sie bestehen daher umso mehr darauf, dass du lernen sollst, Pflichten zu übernehmen, damit euer Zusammenleben erträglicher ist.

Wegen all dieser Gründe hat die Unordnung in deinem Zimmer in den Augen der Eltern einen weitaus höheren Stellenwert, als du ihm beimisst. Daher kommt es zu den ständigen Nörgeleien, die dich so nerven und umso bockiger machen.

Deine Argumente sind voll verständlich und die der Eltern sind ebenso begründet. Ihr könnt den Konflikt also nur lösen, wenn ihr Kompromisse findet: Dein Zimmer soll wirklich als *dein* Bereich akzeptiert werden. Das heißt, dass *du* (nicht die Mutter) für das Saubermachen verantwortlich bist. Das wiederum bedeutet, dass du an einem fixen Tag, den du bestimmen darfst, das Zimmer aufräumen musst, damit man überhaupt sauber machen kann. Wie unordentlich es während der anderen Tage ist, bleibt dir überlassen, da dürfen sich die Eltern nicht einmengen. Bezüglich der Kleidung und Wäsche gibt es nur zwei gerechte Lösungen: Entweder du kümmerst dich voll und ganz darum, dass die Wäsche sauber ist und nicht verkommt, oder du sorgst dafür, dass deine Mutter rechtzeitig deine schmutzige Wäsche aussortiert erhält. Wenn die Eltern sehen, dass sie sich auf dich verlassen können, dann werden sie dein Zimmer sicher als deinen Bereich respektieren.

Wenn das Outfit den Eltern nicht gefällt

Der nächste Streitpunkt: dein Aussehen. Was dir gefällt, was du glaubst unbedingt an „Outfit" zeigen zu müssen, um „trendy" auszusehen, finden die Eltern meist zu auffällig, schlampig, verrückt und peinlich. Oder sie sprechen sich dagegen aus, weil du nur Markenware tragen möchtest, die „in" und daher entsprechend teuer ist.

Für dich ist es besonders wichtig, zu Gleichaltrigen zu passen, von ihnen anerkannt zu werden. Dazu gehört eben auch, dass du dich in deinem Äußeren der Clique oder der Klasse zumindest angleichst. Dein persönlicher Geschmack richtet sich nach dem Trend, den die Freunde gerade als cool empfinden. Die Freunde haben verständlicherweise enormen Einfluss auf dich, ihre Meinung ist bedeutender als die der Eltern. Der Lebensstil der Freunde bestimmt deine Welt, aus der du dich nicht ausgeschlossen sehen möchtest. Es ist daher weitaus schlimmer für dich, von ihnen kritisiert zu werden, als von den Eltern die ständigen Vorhaltungen wegen deines Aussehens anzuhören. Ob ausgeflippte Kleidung, ob sündteure Markenware, ob Piercing oder Tatoos, bei jedem Trend willst du unbedingt mitziehen, wenn nicht sogar die anderen übertrumpfen, um von ihnen bewundert zu werden.

Verbieten dir die Eltern, dass du „jeden Blödsinn" mitmachst, dass du dich nach dem Jugendtrend „uniformierst", kreiden sie dir an, dass du keinen eigenen Geschmack entwickelst, sondern die Freunde „nachäffst", dann erlebst du sie fast als Feinde. Du befürchtest, dass sie dich durch den Zwang, ihren Vorstellungen über „zivilisiertes" Aussehen entsprechen zu müssen, in die Außenseiterrolle drängen und dich dem Spott der Clique aussetzen. Daher wehrst du dich vehement gegen das für dich so unsinnig erscheinende Verbot.

Besonders ärgert es dich, wenn die Eltern die Kritik an deinem Aussehen damit begründen: „Was werden die Nachbarn über uns denken, wenn du so verrückt daherkommst?!" Dieses Argument kann dich überhaupt nicht einsichtig machen. Was schert dich die Meinung irgendwelcher Nachbarn?! Du möchtest, dass die Eltern auf dich eingehen und nicht andere Leute wichtiger nehmen. Bei dieser „Nachbarn-Begründung" fühlst du dich von den Eltern total missachtet. Das treibt dich umso mehr zu dem Wunsch, wenigstens in deinem Freundeskreis voll angenommen zu werden.

Die Eltern wiederum befürchten, dass du unkritisch alles nachahmst, dass du dich durch den Einfluss der Freunde zu etwas verführen lässt, das dir gar nicht entspricht und das du später vielleicht bereuen könntest (z. B. Tatoos oder Piercing). Sie finden, dass es dir an Persönlichkeit mangelt, wenn du glaubst, nur durch angepasste Äußerlichkeiten von den Gleichaltrigen akzeptiert zu werden. Sie bezweifeln, dass das echte, für dich wertvolle Freundschaften sind, wenn du dich so herrichten musst, um zu ihnen zu gehören. Sie sehen darin keinen Gewinn für dich, der die Kosten für die Aufmachung rechtfertigen würde.

So wie es dir nicht gleichgültig ist, was die Freunde über dich sagen, so nehmen auch die Eltern die Meinung ihrer Bekannten mehr oder minder ernst. Du könntest nun dagegen anführen, dass es die Bekannten der Eltern sind, zu deren Kreis du ohnehin nicht gehörst, mit denen du nichts zu schaffen hast. Es gehe sie daher überhaupt nichts an, wie dein Outfit ist. Die Eltern sehen dich aber als ein Familienmitglied an, nicht als irgendeine außenstehende Person.

Und du bist ihnen sehr wohl wichtig, daher wollen sie nicht, dass andere durch dein Aussehen von dir einen falschen Eindruck bekommen. Es tut ihnen weh, wenn andere schlecht über dich denken, dir Unrecht tun und meinen, du seist den Eltern entglitten und sie wirkten zu wenig auf dich ein. Deine Eltern könnten sich leichter gegen die Meinung ihrer Bekannten und Nachbarn stellen, wenn sie deinen Geschmack teilten. Da sie dein Outfit aber auch selbst nicht bejahen, ist die abfällige Bemerkung der anderen für sie umso schmerzhafter. Sie bestehen daher darauf, dass du dich nicht allzu auffällig kleidest.

Vielleicht denkst du, wenn du einmal mit den Eltern zu ihren Bekannten eingeladen bist: „Entweder sie nehmen mich, wie ich bin, oder sie können mich vergessen!" Diese Einstellung ist zum Teil richtig. (Sie entspricht auch dem, was die Eltern bezüglich deines Freundeskreises von *dir* erwarten!) Niemand soll wegen anderer seinen Geschmack, seinen Stil verleugnen. Wer sich aber in seinem Outfit völlig unpassend, nicht dem Rahmen oder dem Milieu entsprechend zeigt, der sondert sich dadurch ab und grenzt sich aus. Die Eltern werten diese extreme Selbstdarstellung als unhöfliches Benehmen und verwehren sich auch deshalb dagegen.

Es ist klar, dass du nicht den Eltern und ihren Bekannten, sondern deinen Freunden gefallen möchtest. Es ist verständlich, dass es dich verletzt, wenn die Eltern dein Aussehen wichtiger nehmen als dich und sich für dich genieren. Für die Eltern wiederum ist es klar, dass sie nicht jede Modeverrücktheit unterstützen und dafür Geld ausgeben wollen. Es ist verständlich, dass es ihnen schwer fällt zu akzeptieren, dass du von ihren Bekannten nicht für voll genommen, sondern belächelt wirst, weil du ihnen „verkleidet" oder „maskiert" erscheinst.

Neigst du zu besonders ausgeflippter Aufmachung (Kleidung, Frisur, Piercing, Tatoos), könnte der Kompromiss darin bestehen, dass du dir überlegst, ob du dich nur darin wohl fühlen kannst und ob du nur damit deine Persönlichkeit verwirklicht siehst. Du sollst dich natürlich nicht in etwas zwängen, das dir absolut widerstrebt. Aber vielleicht findest du doch etwas, das deinem Stil gerecht wird und dennoch auf „Oldies" weniger schockierend wirkt.

Wenn du jedoch mit deinen Freunden unterwegs bist, dann richte dich so her, wie es dir gefällt. Sei aber nicht darauf versessen, ganz und gar in allem und jedem den Freunden nachzueifern, „uniformiert" sein zu müssen, weil du glaubst, nur so von ihnen akzeptiert zu werden. Du würdest deine Eltern in der Meinung bestärken, dass sie dich davor bewahren müssen, dich bei fragwürdigen „Freunden" einzuschleimen und letztendlich nur ihr Abklatsch zu werden.

Ist die Diskussion um Markenware das Problem, so genügt es ja, wenn du nur wenige Stücke Markenware besitzt, die jedoch besonders deutlich als solche zu erkennen sind. Wenn du modisch gekleidet bist, reichen schon ein paar Markenklamotten, um „trendy" zu sein.

Der Streit ums Ausgehen

Der nächste riesige Konfliktstoff betrifft das Ausgehen: Du orientierst dich nach dem Modell einiger (weniger!) Freunde, denen beim Ausgehen kein so strenges Limit gesetzt wird, die anscheinend tun und lassen können, was sie wollen. Du beneidest sie, findest ihre Eltern cool und ärgerst dich über deine verständnislosen Eltern. Du fühlst dich kontrolliert, als Kleinkind behandelt und total entmündigt. Du findest, sie müssten dir endlich glauben, dass du sehr wohl gefährliche Situationen richtig einschätzen kannst und selbst am besten weißt, was dir gut tut und was nicht. Du meinst, dass die Eltern dich gar nicht erst verstehen wollen, sondern auf stur schalten, ohne auf dich einzugehen. Du betrachtest sie als überängstliche, überbesorgte oder als übertrieben moralisch denkende Eltern, die keine Ahnung von der „heutigen Welt" haben.

Es ist dir furchtbar lästig, ständig gefragt zu werden, wohin und mit wem du weggehen möchtest, wer noch dort sein wird, was ihr machen werdet usw. Du siehst es als unfair an, wenn die Eltern gegen einen deiner Freunde Bedenken äußern, den sie bei weitem nicht so gut kennen wie du. Es nervt dich, dass sie dir ein Zeitlimit setzen, das deines Erachtens viel zu früh angesetzt ist. Gerade dann, wenn die Stimmung so richtig in Schwung gekommen ist, solltest du dich verabschieden und das findest du nicht zumutbar. Außerdem bringen dich die Eltern in die schwierige Situation, dass du dich gegen die anderen, die dich zum Bleiben überreden, behaupten und vielleicht sogar ihren Spott hinnehmen müsstest. Das möchtest du um jeden Preis verhindern.

Von dir wird also etwas verlangt, was jedem Menschen, egal welchen Alters, schwer fällt: Du sollst abrupt eine Stimmung unterbrechen, entgegen dem eigenen Bedürfnis und ohne entsprechend motiviert, vielleicht nicht einmal einsichtig zu sein. Du sollst verlockenden Vergnügungen entsagen und dem Druck der Gruppe widerstehen, dich von anderen, bei denen du dich wohl fühlst, trennen, wobei die Gefahr besteht, dass du als Langweiler bezeichnet und von weiteren Aktivitäten ausgeschlossen wirst. Das ist sehr schwierig, denn dein Wunsch, bleiben zu wollen, ist weitaus mächtiger als die anerzogene Pflicht, gehen zu müssen. Bleiben ist Belohnung, Gehen ist Bestrafung. Du bist daher nur allzu leicht zu verführen, die Vorschriften der Eltern zu umgehen, Ausflüchte zu suchen, das Zeitlimit nicht einzuhalten. Lügen, Heimlichkeiten, Unpünktlichkeit und Hintergehen der Eltern sind oft die hässlichen Folgen dieser so besonders schwierigen Konfliktsituation.

Wenn du dich nicht eiskalt von den Eltern entfernt hast und das Zuhause nicht nur als kostenloses Quartier ansiehst, dann bist du sehr unglücklich in dieser Konfliktsituation. Es reißt dich hin und her zwischen dem Wunsch, einerseits bei den Freunden mitzuhalten und andererseits den Streit zu Hause zu vermeiden. Du steckst in einem schrecklichen Dilemma, für das du die Eltern verantwortlich machst. Du siehst es als Pech an, solche Eltern zu haben, die dir anscheinend nicht vertrauen. Du denkst an das Beispiel von Freunden, deren Eltern sich total großzügig verhalten, die die Frage „Mit wem, wohin und wie lange?" gar nicht stellen.

Deine Eltern hingegen bewerten dieses „großzügige" Verhalten anderer Eltern als Desinteresse und Bequemlichkeit und sagen, diese Eltern würden sich eben nicht um ihre Kinder kümmern und sich nicht mit ihnen auseinander setzen. Selbst wenn deine dir vertrauen und sicher sein können, dass du verlässlich bist, werden sie wissen wollen, wohin, mit wem und wie lange du weggehst. Das ist nicht als Kontrolle gemeint, sondern entspringt ihrer Liebe zu dir. Dazu gehört, dass sie sich um dich sorgen, Anteil nehmen, an dir und deinem Tun interessiert sind. Das wird sich auch dann nicht ändern, wenn du schon längst dein eigenes Leben, getrennt von den Eltern, lebst.

Wenn die Freunde, die du um ihre Freiheit beneidest, ehrlich sind, werden sie zugeben, dass sie ihre Situation bei weitem nicht so toll finden, wie du sie siehst. Natürlich gefällt es ihnen einerseits, dass sie tun und lassen können, was sie wollen, aber andererseits fehlt ihnen die Aufmerksamkeit der Eltern, die ihnen fast noch wichtiger ist als all die Freiheit. Viele von ihnen greifen daher manchmal zu drastischen Mitteln, um die Aufmerksamkeit zu erzwingen.

Die Eltern sind verpflichtet darauf zu achten, dass du das Jugendschutzgesetz einhältst. Kümmern sie sich nicht darum, bringen sie sich in große Schwierigkeiten. Es ist also wichtig, dass ihr euch das Jugendschutzgesetz eurer Region besorgt, damit ihr eine gültige Richtlinie für das Ausgehen habt.

Wenn du deinen Freunden von Anfang an sagst, dass deine Eltern dir das Limit nach den allgemein geltenden Jugendschutzbestimmungen gesetzt haben und dass du es einhalten möchtest, um dir und den Eltern Probleme zu ersparen; wenn du dieses Argument selbstsicher vertrittst, dann werden sie sich nicht über dich lustig machen (falls es wirkliche Freunde sind). Drück dein Bedauern aus, dass du nicht endlos mitmachen darfst, und beende die Information an die Freunde mit der Feststellung: „So ist das eben. Wir müssen uns darauf einstellen."

Viel schwieriger ist die Situation, wenn die Eltern dir wirklich nur aus Unverständnis und Misstrauen Grenzen setzen, die strenger gehalten sind, als es das Jugendschutzgesetz vorschreibt. Oder wenn sie annehmen, dass du dich zu sexuellen Handlungen, zu Drogen- und Alkoholkonsum verleiten lassen könntest und dir deshalb untersagen, mit gewissen Freunden auszugehen. Diese Art von Maßstäben setzen Eltern, die entweder durch große Enttäuschungen, durch schlechte Erfahrungen gebrandmarkt sind oder die aufgrund eigener Unsicherheiten und Ängste niemandem zu vertrauen wagen.

Diese Eltern musst du langsam „umerziehen". Beweise ihnen, dass du all das erfüllst, was es ihnen erleichtert, über ihren Schatten zu springen und nachzugeben, nämlich dass du absolut verlässlich, eigenverantwortlich, pflichtbewusst und vernünftig bist. Dazu gehört, dass du das Lernen und die Schulaufgaben nicht vernachlässigst, dass du im Haushalt mithilfst, dass du den Eltern von deinen Freunden erzählst und ihnen einige auch vorstellst.

Ich weiß, dass es vielen peinlich ist, den Eltern die Freunde vorzustellen. Wenn du es nicht so förmlich, sondern ganz locker angehst und den Freunden erklärst, welchen Vorteil dieses kurze „Hallo" bringen kann, dann wird es nicht allzu großen Widerstand geben.

Schlimm ist es nur, wenn die Eltern kein gutes Haar an deinen Freunden lassen. In solch einem Fall musst du dich behaupten, jedoch ohne aufzubegehren, ohne einen frechen Ton anzuschlagen. Mach ihnen klar, wie verletzend es für dich ist, wenn sie dir indirekt unterstellen, dass du keinerlei Menschenkenntnis hast und völlig unkritisch in der Wahl deiner Freunde bist. Sag ihnen, dass es nur Sinn hat, sie über deinen Umgang zu informieren, wenn sie kein vorschnelles Urteil fällen. Betone, dass du nicht total verblendet bist und daher sicher einige zu respektierende Gründe für diese Freundschaft hast, zu der du dich bekennst. Appelliere an ihr Vertrauen.

Nützt das alles nichts, dann überprüfe, ob vielleicht doch wesentliche Punkte gegen die Freunde sprechen, die die Abwehr der Eltern begründen würden. Wenn nichts gegen sie spricht und deine Eltern sich nicht umstimmen lassen, dann bleibt dir nichts anderes übrig, als dich seltener mit ihnen zu treffen.

Das „Umerziehen" der Eltern geht nicht von heute auf morgen. Es braucht Geduld und Zeit, bis du sie überzeugt hast, dass sie dir vertrauen können. Beginne mit der Ausgehsituation, die von den Eltern trotz einiger Vorbehalte gerade noch akzeptiert wird. Versprich den Eltern, dass du dies und jenes beachten und einhalten wirst. Achte darauf, dass du haargenau alles befolgst, vielleicht sogar einige Minuten früher als vereinbart wieder zu Hause bist.

Wenn die Eltern erleben, dass du dich korrekt verhältst, dann wird es sicher möglich sein, die ursprünglich gesteckten Grenzen zu erweitern. Das betrifft natürlich den Zeitrahmen, der dir altersmäßig vom Jugendschutzgesetz zusteht, und Situationen, gegen die deine Eltern, außer ihren Ängsten und dem ursprünglichen Misstrauen, keine triftigen Gründe vorzubringen haben.

Es gibt noch eine kleine Gruppe von Eltern, die an starren Regeln einer überstrengen moralischen Werthaltung kleben. Für sie sind Normen und Regeln der einzige Halt, die einzige Orientierung in einem schweren Leben, das sie eingeengt oder verbittert hat. Sie können und wollen sie daher auch nicht nach ihrem Sinn und ihrer Gültigkeit hinterfragen und der jeweiligen Situation anpassen.

Bei diesen Eltern hast du nur die Chance, eventuell einigen altersgemäßen Freizeitaktivitäten unkontrolliert nachgehen zu dürfen, wenn du einen Fürsprecher findest, der für die Eltern eine Autorität darstellt.

Ein Appell an die Eltern

In meiner psychologischen Praxis trete ich immer wieder als Vermittlerin zwischen Jugendlichen und ihren Eltern auf. Aus den vielen Gesprächen mit Jugendlichen weiß ich, dass ihre Rebellion gegen die Eltern, ihr Aufbegehren und ihr verletzendes Verhalten meist nur eine Fassade sind, hinter der sich ihre Sehnsucht nach Anerkennung ihrer wirklichen Persönlichkeit verbirgt.

Ich spiele dann die Rolle der Übersetzerin und sage den Eltern, wie diese zornigen Ausbrüche zu verstehen sind.

Der folgende Appell ist auch eine solche Übersetzung. Ihr Sohn oder Ihre Tochter würde es so nicht formulieren, weil die Jugendlichen in der Wirrnis ihrer Gefühle zu sehr verstrickt sind, um zu erkennen, wie sehr sie Ihre Liebe, Aufmerksamkeit und Anerkennung brauchen. Dennoch ist es das, was Ihre Kinder Ihnen eigentlich sagen wollen:

Immer wieder höre ich von euch, dass ihr es doch nur gut mit mir meint, dass das, was ihr mir aufzwingt, nur zu meinem Besten sei. Ich weiß, dass es ehrlich von euch gemeint ist, dass ihr das wirklich für mich wollt, und doch empfinde ich es ganz anders: Ihr liebt mich als euer Kind, aber es ist die Liebe zu dem Kind nach eurer Vorstellung und Erwartung. Wisst ihr, wer *ich* bin?! Ich sehne mich danach, als „*ich*" von euch ernst genommen und geliebt zu werden, denn ihr seid mir überaus wichtig, auch wenn es oft nicht so zu sein scheint.

Ich will euch damit sagen, dass ich wahrscheinlich in vielen Dingen anders denke, anders empfinde, als ihr es von mir erwartet und verstehen könnt. Ihr beurteilt mich meistens nur nach meinem Verhalten, das zugegebenermaßen oft kaum zu ertragen ist. Ich sehe auch ein, dass ihr nicht immer erahnen könnt, welche Gefühle sich hinter der negativen Verpackung verbergen. Ich weiß, mein Verhalten verunsichert euch und macht euch Sorgen. *Aber,* auch wenn mein Benehmen fragwürdig ist, müsstet ihr mich doch kennen und darauf vertrauen, dass ich kein schlechter Mensch, kein verwahrlostes Subjekt, kein Idiot *bin!*

Ich wünsche mir so sehr, dass ihr an mich glaubt! Das würde mir helfen, leichter meinen Weg zu finden. Ich erwarte von euch nicht, dass ihr meinem Verhalten blindes Vertrauen schenkt, auch wenn ich es in einer Situation, in der ich unbedingt meinen Willen durchsetzen möchte, oft von euch verlange. Ich möchte im Grunde auch nicht, dass ihr zu allem Ja und Amen sagt, auch wenn ich gegen jede Einschränkung rebelliere. Ich wünsche mir, dass ihr, statt mich zu kritisieren oder gar zu beschimpfen, nur zeigt, dass ihr zwar gegen mein Verhalten, nicht jedoch gegen *mich* seid!

Es würde mir viel Selbstvertrauen geben, wenn es euch auch in solchen Konfliktsituationen gelänge, auf mich einzugehen: Sagt mir, was ihr positiv an mir, an meiner Persönlichkeit findet, dass euch das ermutigt, an mich zu glauben. Versucht, meine Beweggründe, meine Gefühle zu erkennen, die dafür verantwortlich sind, dass ich mich negativ verhalte. Dann nennt mir eure persönlichen Motive, warum ihr das und jenes von mir erwartet bzw. mir nicht erlaubt.

Seid nicht böse, wenn ich trotzdem nicht gleich einsichtig bin und nachgebe. Die Impulse meiner Gefühle und Bedürfnisse sind so stark, dass ich den inneren Druck spontan entlade. Ich kann mich in diesem Moment nicht selbstkritisch beobachten, nicht überlegt handeln, ich lasse es nur aus dem Seelenventil herauszischen. Das werdet ihr sicher nachvollziehen können, da ihr euch ebenso hie und da ganz einfach nur Luft macht, wenn die innere Spannung zu stark wird.

Wenn ich Abstand gewonnen habe, sehe ich ohnehin ein, dass ich mich nicht richtig benommen habe. Aber euch das einzugestehen, das fällt mir schwer. Entweder folgen Moralpredigten und neuerliche Vorwürfe, und das möchte ich vermeiden, da ich ohnehin weiß, was mir vorzuhalten ist; oder ihr habt mich gleich auf mein Benehmen hin beschimpft, bestraft, in irgendeiner Form abgewertet, sodass ich verletzt bin, mich ungerecht behandelt fühle. In diesem Zustand kann ich die Ursache (mein Verhalten) und die Wirkung (eure scharfe Reaktion) in keinem logischen, verständlichen Zusammenhang erleben. Ich bin daher nicht imstande, euch zu sagen, dass es mir Leid tut, dass es zu dem Konflikt gekommen ist.

Meine Gefühle, die ich selbst nicht immer genau definieren kann, bringen mich oft völlig durcheinander. Sie verunsichern mich, dann glaube ich wieder, alles zu schaffen, dann wiederum überfordert mich jede noch so kleine Pflicht. Ich bin von einem Moment zum anderen mal impulsiv, depressiv, euphorisch, schwärmerisch, cool und dann wieder verzagt. Ich führe mich hysterisch oder präpotent auf, bin leicht beleidigt, selbstmitleidig oder gebe mich beinhart. Ich bin am „Egotrip", weil ich ständig mit meinen Gefühlen und meiner Selbstsicherheit zu kämpfen habe.

Mein inneres Durcheinander macht mir sehr zu schaffen. Ich verstehe mich oft selber nicht, komme mit mir kaum zurecht. Daher sehne ich mich umso mehr danach, verstanden und geliebt zu werden. Beides von euch vorbehaltlos zu bekommen scheint unmöglich zu sein. Auch das ist unter anderem ein Grund, warum ich so erpicht darauf bin, von Freunden anerkannt zu werden. Je weniger ihr mich ernst nehmt und versteht, desto mehr suche ich Ersatz bei meinen Freunden. Helft mir den richtigen Mittelweg zu finden, unterstützt mich, seid Eltern, die mich nicht nur erziehen, sondern auch schätzen und lieben können, unabhängig von meinem gefühlsgesteuerten Verhalten. Wenn ihr meine Freunde ablehnt, dann bedenkt, dass ihr mir dadurch sehr weh tut, denn ich habe sie gern und sie sind für mich wichtig. Je mehr ihr gegen sie vorgeht, umso mehr muss ich sie verteidigen. Je mehr ich sie aber verteidige, desto verblendeter werde ich und desto später erkenne ich, dass auch mich einiges an ihnen stört. Diesen psychologischen Effekt kennt ihr sicher aus eigener Erfahrung. Ich glaube kaum, dass ihr euch in einer ähnlichen Situation wesentlich anders als ich verhalten würdet. Wenn zum Beispiel einer von euch die Freunde des anderen schlecht macht, dann wird der Betreffende kaum sagen: „Danke, dass du mir die Augen geöffnet hast. Ab nun meide ich den Kontakt mit meinen alten Freunden."
Wenn ihr meint, dass ich mich nicht mit Erwachsenen vergleichen darf und dass das bei euch etwas ganz anderes sei, dann habt ihr Recht. Ihr seid stabiler, habt euren Weg gefunden, es fällt euch leichter, an die Zukunft zu denken, Konsequenzen zu erkennen, ihr habt einen klar erkennbaren Stellenwert, der euch hilft, euch zwischenmenschlich besser einzuordnen. Ihr seid gefestigter durch eure Position, seid reifer, erfahrener, gesetzter. Darin unterscheiden wir uns! Deshalb müsste es euch auch leichter fallen, einsichtiger, selbstkritischer, beherrschter, toleranter zu sein.
Ihr habt euch mehr oder minder erfolgreich darin geübt,

Selbstdisziplin zu zeigen, auf etwas zu verzichten. Wenn ihr aber gestresst, nervös oder belastet seid, wenn ihr euch nicht respektiert, verletzt oder angegriffen fühlt, dann setzt auch eure Vernunft manchmal aus, dann kommen eure erworbenen Qualitäten nicht voll zum Tragen. Ich meine das nicht kritisierend und nicht frech, ich möchte nur aufzeigen, wann und weshalb es wirklich „etwas anderes" ist, wenn es Jugendliche oder Erwachsene betrifft. Ihr reagiert nicht korrekt, wenn eure Gefühle euch beherrschen, mir geht es nicht viel anders. Erwartet daher nicht mehr von mir, als *ihr* in ähnlicher Situation und extremer Stimmungslage zusammenbrächtet.

Natürlich verhaltet ihr euch meistens viel vernünftiger, verlässlicher und disziplinierter als ich, und mein Benehmen befremdet oder schockiert euch. Aber meine Gefühle und Empfindungen müsstet ihr eigentlich nachvollziehen können, denn auch ihr seid hie und da Gefühlen ausgesetzt. Ihr zeigt zwar die Gefühle nicht immer so vehement und sie wechseln nicht ständig von einem Extrem ins andere, aber im Grunde sind sie doch den meinen sehr ähnlich.

Ich bin kein Kind mehr und doch fühle ich mich oft sehr unsicher und ohne Halt wie ein Kind. Ich weiß, dass ich noch nicht erwachsen bin, aber ich fühle mich reif genug, um für mich einige Entscheidungen zu treffen, um meinen Weg zu suchen, ohne immer euren Rat, eure Warnungen und Gebote zu befolgen. Ich muss *meine* Erfahrungen machen, mit euren Erfahrungen ist mir wenig gedient.

Ich weiß, es ist schwer für euch, mich nicht zu bevormunden, mir eure Lebensansichten nicht aufzudrängen, da ihr mich nicht ins Unglück rennen lassen und mich vor Schaden bewahren wollt. Ich verlange nicht, dass ihr den Mund haltet. Wenn nicht aufgrund einer gefährlichen Situation ein absolutes Nein angebracht ist, dann sagt eure Meinung, meldet eure Bedenken an. Aber gebt sie mir als *Information,* nicht als Auftrag, an den ich mich unwiderruflich zu halten habe. Helft mir dabei, eigenverantwortlich und somit erwachsen zu werden. Sprecht mir die Fähigkeit dazu nicht von vornherein ab und begründet nicht damit euer bestimmendes Verhalten. Lenkt mich, orientiert und informiert mich, diese Hilfe werde ich noch lange brauchen.

Auch wenn es im Moment so scheinen mag, eure Worte gehen nicht unbeachtet an mir vorbei, wenn ich merke, dass ihr an mich glaubt und den Grund für meinen Wunsch oder mein Handeln zu verstehen versucht. Ihr wisst doch, ich bin weder schlecht noch völlig verblödet, ich verhalte mich nur manchmal so!

Ich bin labil, schwach und dadurch auch egoistisch. Ich fordere, dass ihr fair, tolerant, verständnisvoll zu mir seid, aber ich trage nichts dazu bei und komme euch nicht entgegen. Ich erinnere euch an eure Elternpflichten, wenn es mir gerade in den Kram passt, und erwarte, dass ihr das und jenes für mich tut, mir aus der Patsche helft. Ich hingegen vernachlässige meine Pflichten, engagiere mich nicht für die Familie. Ich finde es gemein, wenn ihr mir etwas vorhaltet, ich jedoch werfe euch sofort an den Kopf, was mir an euch nicht passt. Ich bin schlampig, faul und unzuverlässig. Ich habe sogar in der Schule nachgelassen. Wenn ihr mich darauf aufmerksam macht, blocke ich ab oder verteidige mich auf freche Weise.

Es ist mir klar, dass ihr da allen Grund habt, böse und enttäuscht zu sein. Ich bin auch nicht glücklich mit meinem Verhalten und bereue es sogar manchmal. Ich möchte keine Konflikte mit euch haben und diesen Egoismus daher einschränken, aber ich finde noch nicht die Kraft dazu. Ich werde mich bemühen, zu dieser Kraft zu gelangen!

Vielleicht ist es die Enttäuschung, die euch zu folgenden Äußerungen bringt: „Leiste erst etwas, dann darfst du was fordern" oder „Erfülle erst deine Pflichten, dann kannst du an dein Vergnügen denken". Die Aussage an sich kann ich verstehen. Aber wenn ihr mir diese Sätze hinknallt, dann kann ich mir nicht schuldbewusst an die Brust klopfen und voll motiviert Leistung erbringen und meinen Pflichten nachkommen. Ich fühle mich nur von euch gemaßregelt, als unmündiges Kind behandelt. Umso mehr treibt es mich dann von zu Hause weg bzw. drängt es mich, meinen „Frust" durch Lustvolles zu verdrängen. Natürlich habe ich dann schon ein schlechtes Gewissen, denn ich weiß sehr wohl, dass ich wieder einmal egoistisch gewesen bin.

Statt mir autoritäre Sätze an den Kopf zu werfen, appelliert doch an mein faires Empfinden. Das ist der Punkt, an dem ich zu packen bin. Die Pflichten brauchen nicht weiter diskutiert zu werden, stellt sie als Faktum dar, das ich akzeptieren muss. Zeigt aber Verständnis, dass es mir nicht immer leicht fällt, mich zu disziplinieren, zu verzichten und mich zu überwinden. Geht nicht davon aus, dass alles selbstverständlich ist, anerkennt mein Bemühen, auch wenn ich die Dinge nicht perfekt mache. Ihr gebt mir dadurch die Kraft, die ich allein noch so schwer finden kann.

Noch so ein typischer Ausspruch, der mich überhaupt nicht einsichtig machen kann, ist: „Als ich in deinem Alter war, durfte ich bei weitem nicht . . . Du bist so undankbar." Glaubt ihr wirklich, dass mir das hilft, mich anders zu verhalten, bescheidener und dankbarer zu sein?! Als die Großeltern in eurem Alter waren, galten andere Normen, da gab es nicht diesen Luxus, man hatte andere Werthaltungen. Euch bringt das Beispiel der Großeltern auch nicht zu bescheideneren Bedürfnissen und Wünschen, zu einem Konsumverzicht. Wieso erwartet ihr von mir, dass ich mir ein Beispiel an nicht mehr bestehenden Werthaltungen nehme?!

Mein Verhalten überfordert euch oft. Ihr habt den Eindruck, dass ich nicht mehr auf euch höre, dass ich nur machen möchte, was mir passt, dass ich von euch und von zu Hause nur die Vorteile in Anspruch nehme, dass ich mich von der Familie entferne. Ihr erlebt, dass ich in meine Musik flüchte, die ihr als schrecklich und viel zu laut empfindet, dass es mich drängt, keine Minute länger als notwendig bei euch zu verharren. Ihr glaubt, dass ihr jeden Einfluss auf mich verloren habt, dass ich mich euch entfremde.

Die Situation verunsichert euch, ihr seid enttäuscht, verärgert und genervt. Ich nehme an, dass ihr deshalb versucht, besonderen Druck auf mich auszuüben, öfter schimpft, nörgelt und mir jedes Vertrauen entzieht. Dadurch wird jedoch die Kluft zwischen uns nur größer.

Ich erfahre von euch hauptsächlich, was euch an mir und meinem Verhalten nicht passt, und höre viel zu selten, ob und warum ihr mich liebt und schätzt. Sagt bitte nicht, dass ich euch durch meine schwierige Art gar nicht die Gelegenheit zu netten Worten gebe, dass ihr mich doch nicht loben könnt, wenn ich vorwiegend faul, egoistisch und frech bin.

Ihr wisst, dass ich mich nicht bösartig so verhalte. Ihr wisst, dass ich seelisch durcheinander bin, den inneren Überdruck spontan entlade. Ihr wisst, dass ich meinen Weg suche, dass ich selbstständig werden muss und mich dabei oft auf derbe Weise von vorgeschriebenen Regeln freistrample. Ihr wisst, dass ich noch uneins mit mir bin, noch keine klare Orientierung habe. Die Sicherheit, die Selbstbestätigung will ich jedoch ab nun in „meiner Welt" finden, deshalb rücke ich von euch ab und es zieht mich zu den Freunden. Ihr wisst, dass ich von diffusen Gefühlen und Bedürfnissen beherrscht werde. Das verführt mich dazu, mich egoistisch zu behaupten, aufzubegehren und mich gegen euch durchzusetzen.

Ich will damit mein Verhalten nicht entschuldigen, es nur erklären. Ich hoffe, wenn ihr die Hintergründe und Ursachen meiner schwierigen Art kennt und vielleicht sogar versteht, dass ihr euch nicht mehr dermaßen über mich ärgern müsst. Euer Verständnis gibt mir Halt, es hilft mir, schneller von meinen Extremen loszukommen. Zeigt mir, dass ihr an mich glaubt, sagt mir, was ihr an mir schätzt. Diese positive Grundhaltung macht mich offen und bereit, euren Wünschen, eurer Kritik eher zu entsprechen.

Ihr seid mir sehr wichtig, es ist mir nicht gleichgültig, was ihr über mich denkt, wie ihr zu mir steht. Lasst euch von meinem Verhalten nicht bluffen und auch nicht abschrecken. Beurteilt mich nicht nur nach meiner Fassade, sondern: *Liebt mich, wie ich bin!*